VIVA Begleitgrammatik

Lehrgang für Latein ab Klasse 5 oder 6

von
Verena Bartoszek
Verena Datené
Sabine Lösch
Inge Mosebach-Kaufmann
Gregor Nagengast
Christian Schöffel
Barbara Scholz
Wolfram Schröttel

Beratung: Theo Wirth (Wortschatz und Grammatik)

Illustrationen: Miriam Koch

Vandenhoeck & Ruprecht

Bibliografische Information der Deutschen Nationalbibliothek

Die Deutsche Nationalbibliothek verzeichnet diese Publikation in der
Deutschen Nationalbibliografie; detaillierte bibliografische Daten sind
im Internet über http://dnb.d-nb.de abrufbar.

ISBN 978-3-525-71094-4

© 2014, Vandenhoeck & Ruprecht GmbH & Co. KG, Göttingen/
Vandenhoeck & Ruprecht LLC, Bristol, CT, U.S.A.
www.v-r.de
Alle Rechte vorbehalten. Das Werk und seine Teile sind urheberrechtlich geschützt.
Jede Verwertung in anderen als den gesetzlich zugelassenen Fällen bedarf der
vorherigen schriftlichen Einwilligung des Verlages.
Printed in Germany.

Redaktion: Susanne Gerth
Layout, Gestaltung, Satz und Litho: SchwabScantechnik, Göttingen
Printed in the EU

Gedruckt auf alterungsbeständigem Papier.

Inhalt

Lektion 1	**Immer Ärger mit dem lieben Vieh**	**6**
	Formen (Substantive): Nom. Sg. und Pl. (a-/o-Dekl.)	
	Formen (Verben): Infinitiv; 3. Pers. Sg. und Pl. (a-, e-, i-Konj.; *esse*)	
	Syntax: Subjekt und Prädikat	
Lektion 2	**Und er bewegt sich doch!**	**10**
	Formen (Substantive): Akk. Sg. und Pl. (a-/o-Dekl.)	
	Formen (Verben): 3. Pers. Sg. und Pl. (kons./kurzvok. Konj.)	
	Syntax: Akkusativobjekt	
Lektion 3	**Augen auf beim Sklavenkauf**	**12**
	Formen: Vokativ und Imperativ	
	Formen: Adjektive der a-/o-Dekl.	
	Syntax: Attribut	
Lektion 4	**Nächtliches Opfer**	**14**
	Formen (Substantive): 3. Deklination (Nom. und Akk. Sg. und Pl.)	
	Syntax: Adverbiale (Akkusativ mit Präposition)	
Lektion 5	**Mit Schwert und Netz**	**16**
	Formen (Substantive): Abl. Sg. und Pl. (a-, o-, 3. Dekl.)	
	Hauptfunktionen des Ablativs	
Lektion 6	**Ein krönender Abschluss**	**18**
	Formen (Verben): 1./2. Pers. Sg. und Pl. (alle Konj.; *esse*)	
	Formen (Pronomina): Personalpronomen	
Lektion 7	**In der Subura**	**20**
	Formen (Substantive): Gen. Sg. und Pl. (a-, o-, 3. Dekl.)	
	Formen (Pronomina): Possessivpronomen	
Lektion 8	**Ein feines Kräutchen**	**22**
	Substantive: Dat. Sg. und Pl. (a-, o-, 3. Dekl.)	
	Formen (unregelmäßige Verben): *posse*	
Lektion 9	**Großvaters Lektion**	**24**
	Syntax: AcI	
Lektion 10	**Wehe den Besiegten!**	**26**
	Formen (Pronomina): *is, ea, id*	
	Kasusfunktionen: Dativus possessivus	
Lektion 11	**Romulus und Remus**	**28**
	Formen (Pronomina): Reflexivpronomen	
	Formen (unregelmäßige Verben): *ire*	
	Syntax: Reflexivität im AcI	
Lektion 12	**Der Raub der Sabinerinnen**	**30**
	Formen (Verben): u- und v-Perfekt	
Lektion 13	**Der Laden läuft!**	**32**
	Formen (Verben): Stammformen (weitere Perfektbildungen; PPP)	

Inhalt

Lektion 14 **Gerüchte am Badetag** **34**
Formen (Verben): Infinitiv Perfekt
Syntax: Vorzeitigkeit im AcI

Lektion 15 **Vollendete Tatsachen** **36**
Formen (Verben): Imperfekt
Syntax: Konjunktionen und Subjunktionen

Lektion 16 **Zukunftsträume** **38**
Formen (Verben): Futur I (a- und e-Konj.)

Lektion 17 **Manchmal kommt es anders** **39**
Formen (Verben): Futur I (i-, kons. und kurzvok. i-Konj.)

Lektion 18 **Lernen, wo es am schönsten ist – Cicero auf Rhodos** **40**
Formen: Adjektive der 3. Deklination
Kasusfunktionen: Lokativ

Lektion 19 **Caesar bei den Piraten** **41**
Formen (Pronomina): Relativpronomen
Syntax: Relativsätze

Lektion 20 **Aeneas in der Unterwelt** **42**
Formen (Verben): Plusquamperfekt
Syntax: relativischer Satzanschluss

Lektion 21 **Triumph über das Mitleid?** **44**
Formen (Verben): Konj. Imperfekt und Plusquamperfekt
Syntax: Funktion des Konjunktivs als Irrealis

Lektion 22 **Ein besonderer Wunsch** **46**
Syntax: Funktion des Konjunktivs im Nebensatz (ut, cum, indirekte Frage)

Lektion 23 **Io Saturnalia!** **48**
Formen (Verben): Konjunktiv Präsens; Konjunktiv Perfekt

Lektion 24 **Geschichten aus alten Zeiten** **50**
Formen (Substantive): e-Deklination; u-Deklination
Kasusfunktionen: *genitivus obiectivus*

Lektion 25 **Ein Tag, schwarz wie die Nacht** **51**
Formen (Verben): Passiv vom Perfektstamm: Passiv Perfekt und Plusquamperfekt

Lektion 26 **Erlebnisse eines Augenzeugen** **53**
Formen (Verben): Passiv vom Präsensstamm: Passiv Präsens, Imperfekt, Futur

Lektion 27 **Das Urteil des Paris** **54**
Formen: Partizip Präsens Aktiv
Syntax: *Participium coniunctum* (mit PPA)

Lektion 28 **Das Trojanische Pferd** **57**
Syntax: *Participium coniunctum* (mit PPP)

Lektion 29 **Odysseus und die Sirenen** **58**
Formen (Pronomina): *hic/ille*
Formen (unregelmäßige Verben): *ferre*

Inhalt

Lektion 30 **Bis hierhin und nicht weiter** **60**
Syntax: Abl. abs. (gleichzeitig und vorzeitig)

Lektion 31 **Grenzerfahrung** **63**
Formen (Pronomina): *ipse*
Syntax: nominaler Abl. abs.

Lektion 32 **Ein verdächtiger Kult** **64**
Formen: Adverbien
Kasusfunktionen: *genitivus* und *ablativus qualitatis*

Lektion 33 **Mord in Rom** **65**
Formen (Pronomina): *aliqui/aliquis*
Funktionen des Konjunktivs im Hauptsatz: Potentialis; Deliberativ; Hortativ

Lektion 34 **Cui bono?** **68**
Funktionen des Konjunktivs im Hauptsatz: Optativ; Iussiv; Prohibitiv

Lektion 35 **Aietes' Pläne** **70**
nd-Formen: Gerundium und Gerundivum

Lektion 36 **Pflicht oder Neigung?** **72**
Steigerung: Komparativ und Superlativ von Adjektiven und Adverbien

Lektion 37 **Ein teuflischer Plan** **74**
Gerundivum mit *esse*
Kasusfunktionen: *dativus auctoris*

Lektion 38 **Befehl zum Selbstmord** **75**
Formen (Verben): Deponentien
Formen (unregelmäßige Verben): *fieri*

Lektion 39 **Eine Komödie des Plautus** **76**
Formen (Verben): Futur II

Lektion 40 **Das Geisterhaus** **77**
Formen (unregelmäßige Verben): *velle, nolle, malle*

Lektion 41 **Der Schwindel fliegt auf** **78**
Formen: Grund- und Ordnungszahlen

Lektion 42 **Folgenschwere Verkleidung** **80**
Formen: Partizip Futur Aktiv
Syntax: Nachzeitigkeit in Partizipialkonstruktionen

Lektion 43 **Eine Reise ins Jenseits** **81**
Syntax: Nachzeitigkeit im AcI

Lektion 44 **Lycaon** **82**
Syntax: NcI

Lektion 45 **Gruselige Unterhaltung** **83**
Syntax: indirekte Rede (oratio obliqua)

Übersicht Formentabellen **86**
Grammatikregister **94**

Grammatik

Die Familie stellt sich vor

Die lateinische Sprache ist – wie z. B. auch die deutsche – eine Art Baukasten, aus dem man einzelne Wörter und dann daraus wieder einzelne Sätze zusammensetzen kann. Viele dieser Bausteine kennst du schon dem Namen nach aus dem Deutsch- und aus dem Englischunterricht.

Das Substantiv

1. Substantive haben ein Genus (Geschlecht)

Wie das Deutsche kennt auch das Lateinische bei Substantiven (Namenwort, Hauptwort) drei Genera:
- das Femininum (weibliches Geschlecht)
- das Maskulinum (männliches Geschlecht)
- das Neutrum (sächliches Geschlecht)

Tipp: Im Deutschen erkennst du das Genus am Artikel (Begleiter). Im Lateinischen gibt es keinen Artikel, dafür zeigt dir oft die Endung das Genus an. Ob du bei der Übersetzung den bestimmten oder den unbestimmten Artikel verwenden musst, kannst du nur aus dem Zusammenhang erschließen.

fili-	a	feminin	eine / die Tochter
fili-	us	maskulin	ein / der Sohn
domicili-	um	neutrum	ein / der Wohnsitz

Im Lateinischen ist ein männliches Lebewesen immer ein Maskulinum und ein weibliches Lebewesen immer ein Femininum (natürliches Geschlecht) – das Deutsche ist hier nicht immer so konsequent (vgl. »das Mädchen«).

2. Substantive lassen sich in Klassen einteilen

Substantive mit gleichen Endungen werden zu Deklinationen (Wortklassen) zusammengefasst, die bestimmte Eigenschaften gemeinsam haben:

fili-	a	1. oder a-Deklination (feminin)
fili-	us	2. oder o-Deklination (maskulin)
domicili-	um	2. oder o-Deklination (neutrum)

Die Bezeichnung a- bzw. o-Deklination beruht darauf, dass die Endung in einigen Kasusformen den Kennlaut -a- bzw. -o- enthält. Du wirst ihn später (z.B. im Akkusativ Plural) noch kennenlernen.

Grammatik 1

Lektion 1

Substantive sind veränderbar: Nominativ Singular und Plural

Das Substantiv besteht aus einem unveränderlichen Wortstamm, der die Bedeutung trägt, und einer Endung, die veränderbar ist. Sie enthält Informationen über
- den Kasus (Fall),
- den Numerus (Anzahl) und
- oft auch über das Genus (Geschlecht) des Substantivs.

In dieser Lektion lernst du die Substantive im Nominativ (erster Fall) im Singular (Einzahl) und im Plural (Mehrzahl) kennen:

1. oder a-Deklination

	Singular		Plural	
Nom.	fili-a	die Tochter	fili-ae	die Töchter

2. oder o-Deklination (m.)

	Singular		Plural	
Nom.	fili-us	der Sohn	fili-ī	die Söhne

2. oder o-Deklination (n.)

	Singular		Plural	
Nom.	domicili-um	der Wohnsitz	domicili-a	die Wohnsitze

fīli-a

fīli-ae

Eine Besonderheit der o-Deklination sind Substantive, die im Nominativ Singular auf *-er* enden. Bei vielen dieser Substantive verschwindet in den anderen Kasus der Vokal (Selbstlaut) *-e-*: *caper → caprī*.

Im Wortschatz stehen Substantive zunächst immer im Nominativ Singular. Besonderheiten werden zusätzlich angegeben.

Tipp: Beim Wortschatzlernen musst du also genau aufpassen, dass du mit jedem lateinischen Substantiv folgende Informationen nennen kannst:
- die deutsche(n) Bedeutung(en),
- das Genus,
- die Deklination und
- die besonderen Formen.

Verlass dich nicht darauf, dass das Genus in beiden Sprachen übereinstimmt: Das ist oft nicht der Fall!

Grammatik

Das Verb (Tätigkeitswort / Zeitwort)

1. Der Infinitiv

Wie Substantive bestehen auch Verben aus einem Wortstamm, der die Bedeutung trägt, und einer Endung. Im Wortschatz werden Verben im **Infinitiv** (Grundform) angegeben. Du erkennst ihn an der Endung *-re*:

habita**-re**: wohnen

2. Verben sind veränderbar: 3. Person Singular und Plural

Die Endung des Verbs enthält Informationen über die handelnden Personen. In dieser Lektion lernst du die 3. Person Singular und Plural kennen.

1. Pers. Sg.		ich …
2. Pers. Sg.		du …
3. Pers. Sg.	habita-**t**	er, sie, es wohnt
1. Pers. Pl.		wir …
2. Pers. Pl.		ihr …
3. Pers. Pl.	habita-**nt**	sie wohnen

> Du erkennst die 3. Person also immer an folgenden Endungen:
> **-t**: 3. Person Singular
> **-nt**: 3. Person Plural

Im Lateinischen wird die Person in der Regel **nur durch die Endung** ausgedrückt, während im Deutschen vor dem Verb auch noch ein Personalpronomen (persönliches Fürwort), wie z. B. *er, sie, es,* steht.

3. Verben lassen sich in Klassen einteilen

Wie bei Substantiven gibt es auch bei Verben verschiedene Klassen (**Konjugationen**). Du erkennst sie jeweils am Vokal, der vor der Endung steht.

Konjugation	Infinitiv
a-Konjugation	habit**ā** -re
e-Konjugation	plac**ē** -re
i-Konjugation	ven**ī** -re
esse (unregelmäßig)	es-se

Die Personalendungen sind stets gleich; die Vokale vor diesen Endungen unterscheiden sich aber je nachdem, zu welcher Konjugation das Verb gehört.

Konjugation	3. Pers. Sg.		3. Pers. Pl.	
a-Konjugation	habit**a**-t	er, sie, es wohnt	habit**a**-nt	sie wohnen
e-Konjugation	plac**e**-t	er, sie, es gefällt	plac**e**-nt	sie gefallen
i-Konjugation	ven**i**-t	er, sie, es kommt	ven**i**-u-nt	sie kommen
esse (unregelmäßig)	es-t	er, sie, es ist	su-nt	sie sind

Grammatik 1

Ein einfaches Satzmodell (Subjekt und Prädikat)

Jeder Satz benötigt bestimmte Bestandteile, um vollständig zu sein. Die einzelnen Wörter übernehmen unterschiedliche Funktionen:

Das Prädikat (Satzaussage) gibt an, was in dem Satz eigentlich geschieht. In Aussagesätzen steht das Prädikat fast immer am Satzende; in Fragesätzen kann es nach vorne hinter das Fragewort gezogen werden.

Die handelnde Person eines Satzes bezeichnet man als Subjekt (Satzgegenstand); sie kann mit der Frage »wer oder was?« erschlossen werden.

Subjekt	Prädikat
Servus	intrat.
Der Sklave	tritt ein.

Das Subjekt steht immer im Nominativ. Subjekt und Prädikat müssen im Numerus übereinstimmen (Kongruenz).

Da im Lateinischen die Person durch eine Endung des Verbums markiert wird, kommen die kürzesten lateinischen Sätze mit einem einzelnen Prädikat aus: *Intrat. (Er, sie, es tritt ein.)*

So geht's

Das Prädikat ist der wichtigste Bestandteil; daher wird es rot unterstrichen – meist findest du es am Satzende. Der Nominativ wird durch eine blaue Unterstreichung markiert. So kannst du auf einen Blick erkennen, wo du das Subjekt (immer im Nominativ!) und das Prädikat für deine Übersetzung findest.

Gāia et Paulla intrant. – Gaia und Paulla kommen herein.

Grammatik

Lektion 2

Der Akkusativ der a- und o-Deklination

Substantive begegnen in lateinischen Texten nicht nur im Nominativ. In dieser Lektion lernst du den Akkusativ (den vierten Fall) kennen, der mit der Frage »wen oder was?« erschlossen werden kann.

1. oder a-Deklination

	Singular		Plural	
Nom.	fīli-a	die Tochter	fīli-ae	die Töchter
Akk.	fīli-**am**	die Tochter	fīli-**ās**	die Töchter

2. oder o-Deklination (m.)

	Singular		Plural	
Nom.	fīli-us	der Sohn	fīli-ī	die Söhne
Akk.	fīli-**um**	den Sohn	fīli-**ōs**	die Söhne

2. oder o-Deklination (n.)

	Singular		Plural	
Nom.	dōn-um	das Geschenk	dōn-a	die Geschenke
Akk.	dōn-**um**	das Geschenk	dōn-**a**	die Geschenke

Vorsicht: Die Akkusativ-Formen des Neutrums sind immer identisch mit den Nominativ-Formen. Du kannst daher nur aus dem Satzzusammenhang erschließen, um welchen Fall es sich handelt.

Die konsonantische Konjugation: 3. Person Singular und Plural

In Lektion 1 hast du schon verschiedene Konjugationen kennengelernt. Du hast gelernt, dass die Personalendungen immer gleich sind, davor aber unterschiedliche Vokale stehen *(habita-t; place-t, veni-t)*.

Genau das Gleiche gilt auch für die konsonantische Konjugation. Sie heißt so, weil ihr Stamm auf einen Konsonanten (Mitlaut) endet.
Weil aber auch viele Endungen mit einem Konsonanten beginnen, wird ein Bindevokal eingeschoben, der das Sprechen leichter macht: *curr-e-re*. Dasselbe geschieht auch bei den anderen Personen:

curr-**i**-t   er, sie, es läuft   curr-**u**-nt   sie laufen

Bei einer kleinen Gruppe von Verben findet sich in der dritten Person Plural vor dem *-u-nt* noch ein *-i-* (kurzvokalische i-Stämme).

cup**i**-t   er, sie, es wünscht   cup**i**-**u**-nt   sie wünschen

Tipp: Beim Wortschatzlernen musst du genau aufpassen, dass du zu jedem Verb auch die Konjugation mitlernst.
- Du kannst die konsonantische Konjugation von der e-Konjugation unterscheiden, da das *e* bei Verben der konsonantischen Konjugation im Infinitiv keinen Längenstrich hat (*currere* ↔ *placēre*).
- Bei den kurzvokalischen i-Stämmen wird eine zusätzliche Form angegeben (anfangs die dritte Person Plural), um dich auf diese Besonderheit hinzuweisen.

Das direkte Objekt

In vielen Sätzen findet sich neben dem Subjekt noch eine zweite, von der Verbalhandlung betroffene Person oder Sache. Wenn sie im Akkusativ steht, wird sie als **direktes Objekt** (Satzergänzung) bezeichnet. Anders als im Deutschen und im Englischen steht dieses direkte Objekt in der Regel vor dem Prädikat.

Nach dem Akkusativobjekt fragst du mit der Frage **»wen oder was?«**.

Subjekt	Objekt	Prädikat
Servus	caprum	verberat.
Der Sklave	schlägt	den Ziegenbock.

So geht's

Der Akkusativ wird durch eine grüne Unterstreichung markiert. So kannst du auf einen Blick die handelnde Person (Subjekt) von der betroffenen Person oder Sache (Objekt) unterscheiden.

Servus caprum verberat. – Der Sklave schlägt den Ziegenbock.

Grammatik

Lektion 3

Vokativ Singular und Plural

Wenn Menschen miteinander sprechen, reden sie sich manchmal auch direkt an, z.B. mit ihrem Namen. Für diese Anrede gibt es im Lateinischen einen eigenen Fall: den Vokativ.

Die Form ist immer dieselbe wie im Nominativ des jeweiligen Wortes, doch gibt es eine wichtige Ausnahme: Substantive der o-Deklination auf *-us* erhalten im Singular die Endung *-e*.

Vokativ Singular: domin-**e**   (o) Herr   Vokativ Plural: domin-**ī**   (o) Herren

Wörter auf *-ius* enden im Vokativ verkürzt auf bloßem *-ī (Gāius → Gāī)*.

Das Adjektiv

Um eine Beschreibung lebendig zu machen, werden weitere Wörter benötigt, z.B. Begriffe, die Eigenschaften von Substantiven angeben: die Adjektive (Eigenschaftswörter).

1. Die Adjektive der a- / o-Deklination

Auch Adjektive bestehen aus einem unveränderlichen Wortstamm und einer veränderbaren Endung. Für jedes Genus gibt es eine eigene Endung. Die Endungen selbst kennst du schon von der a- und der o-Deklination.

	Singular			Plural		
	m.	f.	n.	m.	f.	n.
Nom.	bon-us	bon-a	bon-um	bon-ī	bon-ae	bon-a
Akk.	bon-um	bon-am	bon-um	bon-ōs	bon-ās	bon-a

Einige Adjektive enden im Nominativ Singular Maskulinum auf *-er*. Manche von ihnen verlieren in den übrigen Formen den Vokal *-e-* wieder (vgl. *pulcher, pulchra, pulchrum*).

2. Adjektive stimmen mit ihrem Bezugswort überein

Adjektive kommen normalerweise nicht allein im Satz vor, sondern passen sich jeweils an »ihr« Substantiv an: Sie übernehmen dessen Kasus, Numerus und Genus (**KNG-Kongruenz = KöNiGs-Regel**).

Durch die Kongruenz kannst du mit einem Blick erkennen, welche Wörter zusammengehören – auch wenn sie nicht immer direkt nebeneinander stehen.

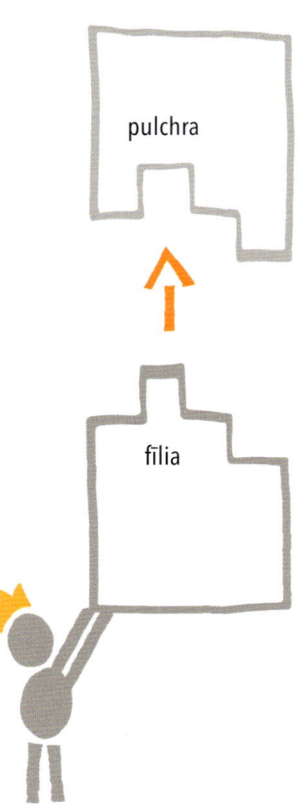

Grammatik 3

Der Imperativ

Bislang kennst du nur Sätze, die Aussagen enthalten und deswegen im Indikativ stehen. Daneben gibt es wie im Deutschen eine Befehlsform, die sich an die 2. Person Singular oder Plural richtet (Modus: Imperativ).
- Der Singular besteht aus dem Wortstamm ohne Endung. (Bei der konsonantischen Konjugation wird stattdessen ein kurzes -ĕ an den Wortstamm gehängt.)
- Im Plural wird die Endung *-te* (bzw. *-ĭte* für die konsonantische Konjugation) angehängt.

Singular		Plural	
apportā!	bring her!	apportā-te!	bringt her!
curr-e!	lauf!	curr-i-te!	lauft!
es!	sei!	es-te!	seid!

Das Adjektiv im Satz

1. Adjektive als Attribute

Begriffe, die eine nähere Angabe zu einem Substantiv bringen, bezeichnet man als **Attribute**; in vielen Fällen können diese mit der Frage »**was für ein?**« erschlossen werden. Das Adjektiv, das sich in Kasus, Numerus und Genus nach dem zugehörigen Substantiv richtet, ist ein solches Attribut.

Für Experten: Adjektivattribute stehen im Allgemeinen hinter ihrem Substantiv und werden nur vorangestellt, wenn sie betont sind (besonders bei Zahl-, Maß-, Grad- oder Zeitangaben).

2. Adjektive als Prädikatsnomina

Adjektive können, wenn sie im Nominativ mit einem Hilfsverbum wie esse verbunden werden, auch Teil des Prädikats sein und werden dann als Prädikatsnomen bezeichnet.

Subjekt	Prädikat
Gallus	malus est.
Gallus	ist schlecht.

3. So geht's

Bei der Satzanalyse brauchst du für die Adjektive keine eigene Farbe: Du markierst sie in der Farbe des Substantivs, auf das sie sich beziehen; dabei hilft dir, dass sie in vielen Fällen ohnehin direkt daneben stehen.
Servus malus caprum verberat. – Der böse Sklave schlägt den Ziegenbock.

Grammatik

Lektion 4

Die 3. Deklination

Neben den Substantiven der a- und der o-Deklination gibt es im Lateinischen auch eine große Gruppe von Substantiven mit Kasusendungen, die sich deutlich von den bisher bekannten unterscheiden: die Substantive der 3. Deklination. Bei vielen von ihnen verändert sich die Silbenzahl, wenn man sie in einen anderen Kasus setzt (ungleichsilbig).

1. Nominativ und Akkusativ der 3. Deklination

	Singular (m./f.)		Plural (m./f.)	
Nom.	sacerdōs	der Priester	sacerdōt-ēs	die Priester
Akk.	sacerdōt-em	den Priester	sacerdōt-ēs	die Priester

	Singular (n.)		Plural (n.)	
Nom.	carmen	das Lied	cármin-a	die Lieder
Akk.	carmen	das Lied	cármin-a	die Lieder

Tipp: Wie immer bei den Neutra sind die Akkusativ-Formen identisch mit den Nominativ-Formen; außerdem enden die Neutra aller Deklinationen im Nominativ / Akkusativ Plural stets auf *-a*.

2. Das Genus der Substantive der 3. Deklination

Bei der 3. Deklination ist es schwer, einfache Regeln für das Genus anzugeben. Deshalb musst du das Genus im Wortschatz immer mitlernen!

3. Substantive der 3. Deklination mit Adjektiven der a-/o-Deklination

Adjektive passen sich immer in Kasus, Numerus und Genus an »ihr« Substantiv an (**Kongruenz**). Stammen beide aus derselben Deklination (bisher a-/o-Deklination), haben sie auch dieselbe Endung. Mit den neuen Substantiven der 3. Deklination sieht man die Kongruenz nicht mehr auf den ersten Blick: Hier hilft nur ein genaues Abfragen mithilfe der KöNiGs-Regel.

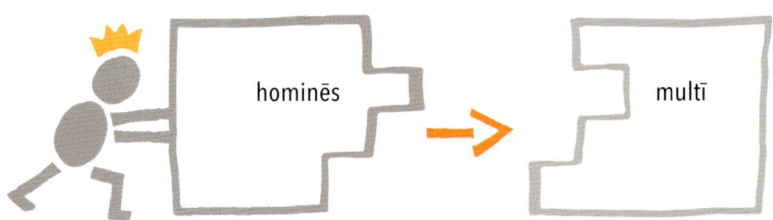

14 | Nächtliches Opfer

Grammatik 4

Präpositionen

Nicht alle Wörter lassen sich so verändern wie Verben, Substantive und Adjektive. Unverändert bleiben z.B. Präpositionen (Verhältniswörter). Sie stehen vor einem Substantiv (deswegen auch *Prä-Position* = »Voran-Gestelltes«) und bilden mit ihm zusammen einen Präpositionalausdruck.

Diese Präpositionalausdrücke beschreiben die Art und Weise einer Tätigkeit oder eines Vorgangs näher (z.B. Zeit- oder Ortsangabe). Eine solche Umstandsbestimmung nennt man **adverbiale Bestimmung** oder **Adverbiale**.

Präpositionen mit Akkusativ

Präpositionen ziehen immer einen bestimmten Kasus beim darauffolgenden Substantiv nach sich, der allerdings im Lateinischen nicht der gleiche wie im Deutschen sein muss. Bei vielen lateinischen Präpositionen ist es der Akkusativ:
- ad = zu (hin), nach, bei, an
- in = in (hinein), nach, gegen, zu
- per = (hin)durch, über, während

in Campum Mārtium – auf das Marsfeld

Adjektive als prädikative Attribute

Adjektive beschreiben manchmal nicht nur ein Substantiv, sondern enthalten gleichzeitig eine Information zur Handlung des Prädikats:

Puerī **laetī** per campum currunt.
Die Jungen laufen **fröhlich** über das Marsfeld.

Meist handelt es sich um Adjektive, die eine Emotion, eine Reihenfolge oder eine Menge angeben. Sie werden in einem solchen Fall als prädikative Attribute bezeichnet und im Deutschen meist mit Adverb übersetzt.

Lektion 5

Der Ablativ Singular und Plural

Das Lateinische hat mehr Fälle als das Deutsche. Einer davon ist der Ablativ, den wir im Deutschen meist mit Präpositionen ausdrücken.

1. oder a-Deklination

	Sg.	Pl.
Nom.	fili-a	fili-ae
Akk.	fili-am	fili-ās
Abl.	fili-ā	fili-īs

2. oder o-Deklination (m.)

	Sg.	Pl.
Nom.	fili-us	fili-ī
Akk.	fili-um	fili-ōs
Abl.	fili-ō	fili-īs

2. oder o-Deklination (n.)

	Sg.	Pl.
Nom.	dōn-um	dōn-a
Akk.	dōn-um	dōn-a
Abl.	dōn-ō	dōn-īs

3. Deklination (m./f.)

	Sg.	Pl.
Nom.	sacerdōs	sacerdōt-ēs
Akk.	sacerdōt-em	sacerdōt-ēs
Abl.	sacerdōt-**e**	sacerdōt-**ibus**

3. Deklination (n.)

	Sg.	Pl.
Nom.	carmen	carmin-a
Akk.	carmen	carmin-a
Abl.	cármin-**e**	carmín-**ibus**

Tipp: Im Singular sieht der Ablativ bei der a-Deklination genauso aus wie der Nominativ. Du kannst ihn unterscheiden, weil er lang gesprochen und deswegen im Lektionstext mit einem Längenstrich markiert wird.

Der Ablativ im Satz

1. Präposition mit Ablativ

Nach einer Reihe von Präpositionen steht im Lateinischen der Ablativ:
- ab (ā) = von … (her)
- cum = (zusammen) mit
- ex (ē) = aus … (heraus), von … (her)

Die Kurzformen von *ab* und *ex* werden nur vor Konsonanten (außer *h*) gebraucht.

2. Ablativ als adverbiale Bestimmung

Der Ablativ gibt meist nähere Umstände für einen Satz an: So kann er z.B. ausdrücken, *wie, womit* oder *warum* etwas geschieht. Er beschreibt also – wie die Präpositionalausdrücke – die Art und Weise einer Tätigkeit oder eines Vorgangs näher und gilt damit als **adverbiale Bestimmung**.

Grammatik 5

Der Ablativ hat vier Grundfunktionen. Er antwortet auf die Fragen …

- Wo? Wann?   Abl. des Ortes / der Zeit   (Abl. loci / Abl. temporis)
- Mit wem?   Abl. der Begleitung   (Abl. sociativus)
- Womit? Wodurch?   Abl. des Mittels   (Abl. instrumentalis)
- Woher? Wovon?   Abl. der Trennung   (Abl. separativus)

Für Experten: Vor allem der *Ablativus instrumentalis* deckt ein großes Spektrum ab und kann in Unterkategorien unterteilt werden. Manchmal gibt er auch die Antwort auf die Frage »Wie?« oder »Warum«?

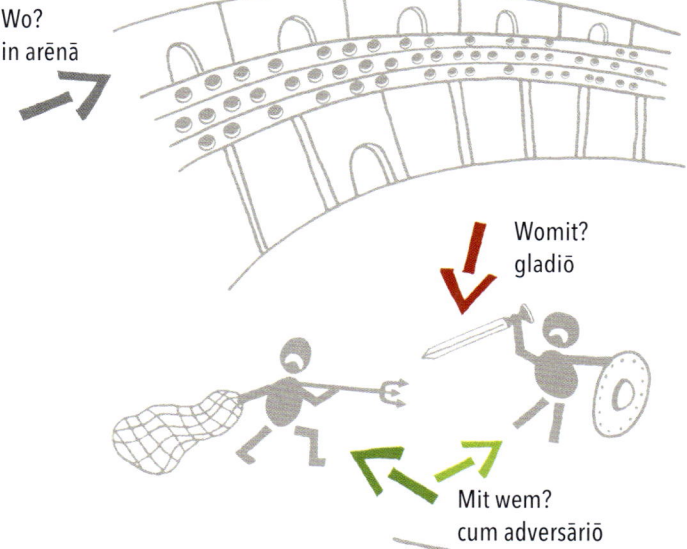

Präpositionen mit Akkusativ oder Ablativ

Die Präposition **in** kann mit Ablativ oder Akkusativ gebraucht werden; dabei unterscheidet sich jedoch die Bedeutung:
- Der **Akkusativ** gibt eine Richtung an: »wohin?«
- der **Ablativ** gibt einen Ort an: »wo?«

in Campum Mārtium   wohin?   auf das Marsfeld
in Campō Mārtiō   wo?   auf dem Marsfeld

Mit Schwert und Netz | 17

Lektion 6

Die Verbformen im Präsens

1. Die Formenreihe regelmäßiger Vollverben

Bisher kennst du bei den Verben nur Infinitiv und 3. Person. Die meisten Verben können natürlich auch die 1. und 2. Person bilden. Die **Personalendungen** sind dabei in allen Konjugationen gleich.

clāmāre		
1. Pers. Sg.	clām-**ō**	ich rufe
2. Pers. Sg.	clāmā-**s**	du rufst
3. Pers. Sg.	clāma-**t**	er, sie, es ruft
1. Pers. Pl.	clāmā-**mus**	wir rufen
2. Pers. Pl.	clāmā-**tis**	ihr ruft
3. Pers. Pl.	clāma-**nt**	sie rufen

currere		
1. Pers. Sg.	curr-**ō**	
2. Pers. Sg.	curr-**i-s**	
3. Pers. Sg.	curr-**i-t**	
1. Pers. Pl.	cúrr-**i-mus**	
2. Pers. Pl.	cúrr-**i-tis**	
3. Pers. Pl.	cúrr-**u-nt**	

In der konsonantischen Konjugation wird vor der Personalendung noch der bereits bekannte Sprechvokal -*i*- (bzw. -*u*- in der 3. Person Plural) eingefügt. Vorsicht: Bei den kurzvokalischen i-Stämmen findet sich das -*i*- auch vor der 1. Person Singular und der 3. Person Plural *(cupi-ō, cupi-u-nt)*.

2. Die Formenreihe von *esse*

Eine besondere Formenreihe hat das Verbum *esse*, aber auch hier sind die typischen Personalendungen meist erkennbar.

1. Pers. Sg.	**sum**	ich bin
2. Pers. Sg.	**es**	du bist
3. Pers. Sg.	**est**	er, sie, es ist
1. Pers. Pl.	**sumus**	wir sind
2. Pers. Pl.	**estis**	ihr seid
3. Pers. Pl.	**sunt**	sie sind

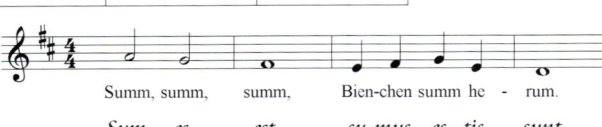

Summ, summ, summ, Bien-chen summ he - rum.
Sum, es, est, su-mus, es-tis, sunt

Dir ist vielleicht aufgefallen, dass *esse* meist erst durch ein hinzugefügtes Prädikatsnomen sinnvoll wird; in solchen Fällen ist es ein **Hilfsverb**. Ohne Prädikatsnomen gilt es als **Vollverb**: Es wird dann (wie das englische »there is / are«) übersetzt mit »es gibt«:

Multa negōtia sunt. – Es gibt viele Aufgaben.

Die Personalpronomina (persönliche Fürwörter)

Auch im Lateinischen gibt es eigene Wörter für die erste und zweite Person. Im Nominativ werden diese Personalpronomina aber nur verwendet, wenn die bezeichnete Person besonders betont werden soll (z.B. bei einem Gegensatz):

	1. Pers. Sg.		2. Pers. Sg.	
Nom.	egō	ich	tū	du
Akk.	mē	mich	tē	dich

	1. Pers. Pl.		2. Pers. Pl.	
Nom.	nōs	wir	vōs	ihr
Akk.	nōs	uns	vōs	euch

Fragesätze

1. Arten von Fragesätzen

Bisher sind dir vor allem Sätze begegnet, die eine Aussage oder einen Befehl enthalten. Daneben gibt es auch Fragesätze. Man unterscheidet zwei Arten:
- Wortfragen: Der Frager erwartet eine Information über einen bestimmten Sachverhalt. Diese Fragen werden mit einem Fragewort (z.B. *ubi? cur?*) eingeleitet.
- Satzfragen: Der Frager erwartet vom Gesprächspartner eine Entscheidung (»ja« / »nein«).

2. Satzfragen

Entscheidungsfragen können im Lateinischen dadurch markiert werden, dass -ne an das erste betonte Wort im Satz angehängt wird.

Vōs-**ne** in campō Mārtiō exspectātis?   erwartete Antwort: **»Ja« / »Nein«**
Wartet *ihr* auf dem Marsfeld?

Der Fragende kann aber auch deutlich machen, welche Antwort er gerne hören möchte. Dazu leitet er die Frage ein mit
- *nōnne,* wenn er die Antwort »doch« erwartet (im Deutschen wird dann ein »denn nicht / etwa nicht« eingefügt) bzw.
- *num,* wenn er die Antwort »nein« erwartet (im Deutschen wird dann ein »denn / etwa« eingefügt).

Nōnne in circō exspectātis?
Wartet ihr **denn nicht / etwa nicht** im Zirkus?   erwartete Antwort: **»Doch, natürlich.«**

Num in circō exspectātis?
Wartet ihr **denn / etwa** im Zirkus?   erwartete Antwort: **»Natürlich nicht.«**

Lektion 7

Der Genitiv Singular und Plural

Wie im Deutschen gibt es auch im Lateinischen den Genitiv (zweiter Fall).

1. oder a-Deklination

	Sg.	Pl.
Nom.	fīli-a	fīli-ae
Gen.	fīli-**ae**	fīli-**ārum**
Akk.	fīli-am	fīli-ās
Abl.	fīli-ā	fīli-īs

2. oder o-Deklination (m.)

	Sg.	Pl.
Nom.	fīli-us	fīli-ī
Gen.	fīli-**ī**	fīli-**ōrum**
Akk.	fīli-um	fīli-ōs
Abl.	fīli-ō	fīli-īs

2. oder o-Deklination (n.)

	Sg.	Pl.
Nom.	dōn-um	dōn-a
Gen.	dōn-**ī**	dōn-**ōrum**
Akk.	dōn-um	dōn-a
Abl.	dōn-ō	dōn-īs

3. Deklination (m./f.)

	Sg.	Pl.
Nom.	sacerdōs	sacerdōt-ēs
Gen.	sacerdōt-**is**	sacerdōt-**um**
Akk.	sacerdōt-em	sacerdōt-ēs
Abl.	sacerdōt-e	sacerdōt-ibus

3. Deklination (n.)

	Sg.	Pl.
Nom.	carmen	carmin-a
Gen.	carmin-**is**	carmin-**um**
Akk.	carmen	carmin-a
Abl.	carmin-e	carmin-ibus

Vorsicht: Der Genitiv Singular der a- und o-Deklination unterscheidet sich nicht vom Nominativ Plural. Den Genitiv Plural der 3. Deklination kann man dafür leicht mit einem Akkusativ Singular verwechseln. Hier musst du also besonders aufpassen!

Für Experten: Einige Substantive der 3. Deklination fügen im Plural vor der Genitivendung -*um* noch ein -*i*- ein (z.B. *merx, mercis*; Gen. Pl.: *mercium*). Darauf wirst du im Wortschatzteil jeweils hingewiesen.

Die Possessivpronomina

1. Formen

Um anzuzeigen, wem ein bestimmter Gegenstand gehört, setzt das Lateinische wie das Deutsche Possessivpronomina (besitzanzeigende Fürwörter) ein. Jede der drei Personen hat ein eigenes Pronomen:

1. Person: Sg.: **meus**, a, um (mein)   Pl.: **noster**, nostra, nostrum (unser)
2. Person: Sg.: **tuus**, a, um (dein)   Pl.: **vester**, vestra, vestrum (euer)
3. Person: Sg.: **suus**, a, um (sein, ihr, sein)   Pl.: **suus**, a, um (ihr)

Die Pronomina werden dekliniert wie die Adjektive der a-/o-Deklination und passen sich nach den Regeln der Kongruenz an.

2. Reflexiver Gebrauch von *suus, sua, suum*

Das Pronomen *suus* wird immer dann verwendet, wenn der damit bezeichnete Begriff zum Subjekt des Satzes gehört (**reflexiv**).
Im Deutschen muss *suus* je nach Genus und Numerus des Subjekts, auf das es sich bezieht, verschieden übersetzt werden:

Pater filium **suum** amat.	Der Vater liebt **seinen** (eigenen) Sohn.
Pater et māter filium **suum** amant.	Vater und Mutter lieben **ihren** (eigenen) Sohn.

Der Genitiv im Satz

Der Genitiv bezeichnet meist als **Attribut** (Beifügung) die Zugehörigkeit einer Person oder Sache zu einem anderen Substantiv. Er kann durch »**wessen?**«, »**wovon?**« oder »**was für ein?**« erfragt werden. In den meisten Fällen lässt sich der lateinische Genitiv wie der entsprechende deutsche Kasus übersetzen:

taberna mercātōris	der Laden des Händlers
auxilium Sextī Seliciī	die Hilfe des / von Sextus Selicius

Lektion 8

Der Dativ Singular und Plural

Der letzte noch fehlende Fall des Lateinischen ist der Dativ (der dritte Fall).

1. oder a-Deklination

	Sg.	Pl.
Nom.	fīli-a	fīli-ae
Gen.	fīli-ae	fīli-ārum
Dat.	fīli-**ae**	fīli-**īs**
Akk.	fīli-am	fīli-ās
Abl.	fīli-ā	fīli-īs

2. oder o-Deklination (m.)

	Sg.	Pl.
Nom.	fīli-us	fīli-ī
Gen.	fīli-ī	fīli-ōrum
Dat.	fīli-**ō**	fīli-**īs**
Akk.	fīli-um	fīli-ōs
Abl.	fīli-ō	fīli-īs

2. oder o-Deklination (n.)

	Sg.	Pl.
Nom.	dōn-um	dōn-a
Gen.	dōn-ī	dōn-ōrum
Dat.	dōn-**ō**	dōn-**īs**
Akk.	dōn-um	dōn-a
Abl.	dōn-ō	dōn-īs

3. Deklination (m./f.)

	Sg.	Pl.
Nom.	sacerdōs	sacerdōt-ēs
Gen.	sacerdōt-is	sacerdōt-um
Dat.	sacerdōt-**ī**	sacerdōt-**ibus**
Akk.	sacerdōt-em	sacerdōt-ēs
Abl.	sacerdōt-e	sacerdōt-ibus

3. Deklination (n.)

	Sg.	Pl.
Nom.	carmen	carmin-a
Gen.	carmin-is	carmin-um
Dat.	carmin-**ī**	carmin-**ibus**
Akk.	carmen	carmin-a
Abl.	carmin-e	carmin-ibus

 Vorsicht: Der Dativ Singular der a-Deklination unterscheidet sich nicht vom Genitiv Singular und vom Nominativ Plural. Im Plural (und im Singular bei der o-Deklination) fallen die Endungen mit denen des Ablativs zusammen.

Die Personalpronomina – alle Kasus

Nachdem nun alle Kasus des Lateinischen bekannt sind, kannst du auch die noch fehlenden Formen der Personalpronomina ergänzen:

	1. Pers. Sg.		2. Pers. Sg.	
Nom.	**egō**	ich	**tū**	du
Gen.	**meī**	meiner	**tuī**	deiner
Dat.	**mihī**	mir	**tibī**	dir
Akk.	**mē**	mich	**tē**	dich
Abl.	**ā mē**	von mir	**ā tē**	von dir

	1. Pers. Pl.		2. Pers. Pl.	
Nom.	**nōs**	wir	**vōs**	ihr
Gen.	**nostrī**	unser	**vestrī**	euer
Dat.	**nōbīs**	uns	**vōbīs**	euch
Akk.	**nōs**	uns	**vōs**	euch
Abl.	**ā nōbīs**	von uns	**ā vōbīs**	von euch

Die Präposition cum wird nicht – wie die anderen Präpositionen – vor das Pronomen gestellt, sondern hinten angehängt: *mecum* »mit mir«.

Grammatik 8

Die Formen von *posse*

Das Verbum *esse* mit seiner unregelmäßigen Formenkette hast du bereits gelernt. Von ihm ist das Kompositum *posse* »können« abgeleitet, das daher auch den Formenbestand von seinem Grundwort übernommen hat.

1. Pers. Sg.	pos-sum	ich kann
2. Pers. Sg.	pot-es	du kannst
3. Pers. Sg.	pot-est	er, sie, es kann
1. Pers. Pl.	pos-sumus	wir können
2. Pers. Pl.	pot-éstis	ihr könnt
3. Pers. Pl.	pos-sunt	sie können

Wichtig: Beginnt die Form von *esse* mit einem *s-*, so muss auch die Vorsilbe auf einem *s* auslauten (= Assimilation); beginnt sie dagegen mit einem *e-*, so endet die Vorsilbe auf *-t*.

Der Dativ im Satz – der Dativ als Objekt

Viele Verben haben neben einem Akkusativobjekt (meist Sachobjekt) noch ein weiteres Objekt im Dativ: Dieses indirekte Objekt (meist für die betroffene Person) kann mit »**wem?**« erfragt werden.

Pater		līberīs	dōnum	dat.
Der Vater	gibt	den Kindern	ein Geschenk.	

wem?   wen oder was?

Dat.-Objekt   Akk.-Objekt

Bei einigen wenigen Verben (z.B. *placēre* »gefallen«, *pārēre* »gehorchen«) kann im Lateinischen und im Deutschen nur ein Dativobjekt stehen.

Asinus		līberīs	nōn pāret.
Der Esel	gehorcht	den Kindern	nicht.

Ein feines Kräutchen | 23

Grammatik

Lektion 9

Der AcI

Manche Verben können einen Akkusativ und einen Infinitiv zu sich nehmen, der eine Handlung des Akkusativobjekts beschreibt.

Paulla sieht	**Marcus**	**kommen.**
Paulla videt	Mārcum	venīre.
	Akkusativ	Infinitiv

Nach ihren beiden Hauptbestandteilen, dem Akkusativ und dem Infinitiv, wird die Konstruktion als **AcI** (= **A**ccusativus **c**um **I**nfinitivo) bezeichnet.

Sie ist im Lateinischen viel häufiger als im Deutschen und gilt als eine der typischen lateinischen Spracherscheinungen.

1. AcI-Auslöser

Der AcI folgt häufig auf ganz bestimmte Verben. Sie sind für dich ein Signal, dass du mit einem AcI rechnen solltest:
- Verben **des Sagens und Meinens** (z.B. *dīcere, respondēre, cēnsēre, putāre* …)
- Verben der **Wahrnehmung** (z.B. *audīre, vidēre* …)
- Verben, die **Gefühle und Stimmungen** ausdrücken (z.B. *gaudēre* …)
- **unpersönliche Ausdrücke,** d.h. Verbformen, die nur in der 3. Person Singular gebraucht werden (z.B. *cōnstat, licet, necesse est* …)

2. Übersetzung eines AcI

In den meisten Fällen kannst du den AcI im Deutschen nicht wörtlich nachmachen. Am einfachsten gibst du die Konstruktion dann mit einem **»dass«-Satz** wieder: Dabei wird der Akkusativ des AcI zum Subjekt des »dass«-Satzes, der Infinitiv zu dessen Prädikat.

Catō cēnset līberōs pārēre dēbēre.

Cato meint, dass Kinder gehorchen müssen.

Nicht immer ist die Übersetzung mit einem »dass«-Satz die schönste. Bei *iubēre* z.B. ist eine andere Übersetzung eleganter:

Iubeō	tē	venīre.
Ich befehle	dir	zu kommen.

3. Besonderheiten beim AcI

Im AcI kann mehr als eine Akkusativform auftreten – dann musst du für deine Übersetzung noch einmal genauer hinsehen. Denkbar sind zwei Fälle:

a) Prädikat aus Prädikatsnomen und *esse*

Natürlich steht nicht nur das Subjekt des deutschen »dass«-Satzes im Akkusativ (Subjektsakkusativ), sondern auch jedes Prädikatsnomen, das sich darauf bezieht.

Avus:	»Nōn īgnōrō	**Catōnem**	iam diū	**mortuum** esse.«
Der Großvater:	»Ich weiß ganz genau,	dass Cato	schon lange	tot ist.«

b) Verb mit Akkusativobjekt

Vom Infinitiv des AcI kann noch ein weiteres, »echtes« Akkusativobjekt abhängig sein (Objektsakkusativ). Damit musst du dich, wenn du das Subjekt für deinen »dass«-Satz suchst, zwischen zwei Akkusativen entscheiden. Je nachdem, wie du deine Wahl triffst, veränderst du den Sinn des Satzes. Welche Übersetzung die richtige ist, verrät dir oft nur der Zusammenhang.

Videō **dominum** **servum** verberāre.

Ich sehe, dass **der Herr den Sklaven** schlägt.   Ich sehe, dass **der Sklave den Herrn** schlägt.

4. So geht's

Du kannst in einem Satz mit AcI leichter den Überblick behalten, wenn du den AcI in Klammern setzt. Zusätzlich kann es helfen, den Subjektsakkusativ und den Prädikatsinfinitiv zu unterstreichen.

Avus: »Nōn īgnōrō [<u>Catōnem</u> iam diū <u>mortuum esse</u>].«

Lektion 10

Die Formen von *is, ea, id*

Eines der häufigsten Pronomina der lateinischen Sprache ist das Pronomen *is, ea, id*. Die drei Formen verraten dir, dass es für jedes Genus eine eigene Formenreihe gibt:

	Singular		
	m.	f.	n.
Nom.	is	ea	id
Gen.	eius	eius	eius
Dat.	ei	ei	ei
Akk.	eum	eam	id
Abl.	eō	eā	eō

	Plural		
	m.	f.	n.
Nom.	iī (eī)	eae	ea
Gen.	eōrum	eārum	eōrum
Dat.	iīs (eīs)	iīs (eīs)	iīs (eīs)
Akk.	eōs	eās	ea
Abl.	iīs (eīs)	iīs (eīs)	iīs (eīs)

Die in Klammern angegebenen Formen sind ebenfalls gebräuchlich, allerdings weniger häufig.

Vorsicht: Im Plural entsprechen die Endungen denen der a-/o-Deklination. Im Singular musst du dir den Genitiv und Dativ jedoch besonders einprägen.

Die Verwendung von *is, ea, id*

1. als Demonstrativpronomen

Is, ea, id wird im Lateinischen als Demonstrativpronomen (hinweisendes Fürwort) gebraucht, um auf eine bereits genannte Person oder Sache zurückzuverweisen, die wieder ins Gedächtnis gerufen wird.

Ea toga mihī nōn placet.
Diese Toga (die du mir vorhin gezeigt hast) gefällt mir nicht.

2. als Personalpronomen der 3. Person

Bei den Personalpronomina ist dir sicher aufgefallen, dass es kein Personalpronomen für die 3. Person gibt. Im Lateinischen werden für das Personalpronomen die entsprechenden Formen von *is, ea, id* verwendet – es wird dann einfach mit »er, sie, es« bzw. den jeweiligen Kasusformen übersetzt.

Asia venīre dēbet.   Asia muss kommen.
Ibī **eam** videō: Gallus cum **eā** est.   Dort sehe ich **sie**: Gallus ist bei **ihr**.

3. als Possessivpronomen

Die Genitivformen von *is, ea, id* können auch als Possessivpronomina für die 3. Person verwendet werden:

Mārcus cum Paullā in campō est: Ibī cum **eius** amīcīs lūdit.
Marcus ist mit Paulla auf dem Feld: Dort spielt er mit **ihren** (= Paullas) Freunden.

Der Genitiv Singular und Plural von *is, ea, id* wird verwendet, um einen Besitzer anzugeben, der nicht das Subjekt desselben Satzes ist (»**nicht-reflexiv**«). Im Deutschen wird das Pronomen dann mit »sein(e) / dessen« bzw. »ihr(e) / deren« übersetzt.

Dagegen wird *suus, sua, suum* nur reflexiv gebraucht, d.h. es bezieht sich auf das Subjekt des Satzes.

Mārcus cum amīcīs suīs lūdit.
Marcus spielt mit seinen (eigenen) Freunden.

Der Dativ des Besitzers

Im Lateinischen gibt es mehrere Möglichkeiten, Besitzverhältnisse anzugeben: Eine davon ist der Einsatz eines Dativs in Verbindung mit *esse*.

Sextō multae vestēs sunt.
(~~Dem Sextus sind viele Kleider~~) = (Dem) Sextus gehören viele Kleider
= Sextus hat viele Kleider.

Der Dativ bezeichnet also den Besitzer (daher Dativ des Besitzers bzw. *dativus possessivus*), die besessene Sache bzw. Eigenschaft steht im Nominativ.

Eine wörtliche Übersetzung ist im Deutschen meist nicht möglich; dafür bieten sich zwei Lösungen an:
- *esse* wird mit »gehören« übersetzt – dafür bleibt der *dativus possessivus* auch im Deutschen als Dativ erhalten;
- *esse* wird mit »haben, besitzen« übersetzt, der lateinische Dativ wird im Deutschen dann zum Subjekt.

Grammatik

Lektion 11

Die Formen von *īre*

Das Verbum *īre* »gehen« gehört wie *esse* in keine der normalen Konjugationsklassen, kommt aber – ebenfalls wie *esse* – sehr häufig und mit vielen Komposita (z.B. *ad-īre* »hin-gehen« und *ab-īre* »weg-gehen«) vor.

1. Pers. Sg.	eō	ich gehe
2. Pers. Sg.	īs	du gehst
3. Pers. Sg.	it	er, sie, es geht
1. Pers. Pl.	īmus	wir gehen
2. Pers. Pl.	ītis	ihr geht
3. Pers. Pl.	eunt	sie gehen

Der Imperativ im Singular von *īre* gehört zu den kürzestmöglichen Vokabeln der lateinischen Sprache:

Imperativ Sg.	ī!	geh!
Imperativ Pl.	īte!	geht!

Vorsicht: Manche Formen von *īre* sind leicht mit dem Pronomen *is, ea, id* zu verwechseln. Folgende Regeln können dir helfen:
- Verben stehen meist am Satzende.
- Ein Pronomen wird meist am Satzanfang oder vor einem Substantiv gebraucht.

Das reflexive Personalpronomen

In Lektion 10 hast du gelernt, dass *is, ea, id* im Lateinischen als nicht-reflexives Personalpronomen der 3. Person gebraucht wird. Falls aber ein **reflexives Verhältnis** ausgedrückt werden soll, gibt es dafür wie im Deutschen ein besonderes Pronomen.

	Singular und Plural	
Nom.	–	–
Gen.	suī	seiner, ihrer
Dat.	sibī	sich
Akk.	sē	sich
Abl.	ā sē, sēcum	von sich, mit sich

Den Unterschied zu *is, ea, id,* das nur nicht-reflexiv eingesetzt wird, kannst du in den folgenden Beispielsätzen sehen:

Grammatik 11

Pater **sē** servāre potest.
Der Vater kann **sich** (selbst) retten.

Pater **eum** servāre potest.
Der Vater kann **ihn** (z.B. seinen Sohn) retten.

Der AcI mit Pronomina

Auch in einem AcI kann ein Pronomen stehen. Das Reflexivpronomen bezieht sich auf das Subjekt des Einleitungssatzes, ein nicht-reflexives Pronomen auf eine andere Person.

Mārs dēmōnstrat **sē** patrem puerōrum esse.
Mars zeigt, dass **er** (selbst) der Vater der Jungen ist.

Rhea Silvia dēmōnstrat **eum** patrem puerōrum esse.
Rhea Silvia zeigt, dass **er** (= Mars) der Vater der Jungen ist.

Im AcI wird das reflexive Personalpronomen also nicht mit »sich«, sondern mit »er, sie« (Singular) bzw. mit »sie« (Plural) übersetzt.

Grammatik

Lektion 12

Das Perfekt – Teil 1

Bisher spielten alle Erzählungen in der Gegenwart – die Verben standen entsprechend alle im Präsens. Natürlich gibt es neben dieser Zeitstufe (Zeitform) noch weitere Zeitstufen. Jetzt lernst du ein erstes Vergangenheitstempus kennen: das Perfekt.

1. Die Verwendung des Perfekts

Das lateinische Perfekt dient in der Regel als Erzählzeit der Vergangenheit, drückt also Handlungen und Vorgänge in der Vergangenheit aus. Im Deutschen verwenden wir (jedenfalls in der Schriftsprache) meist das Präteritum.

2. Die Bildung des Perfekts: v- und u-Perfekt

Im Deutschen bilden wir das Perfekt mit einem zusätzlichen Hilfsverbum (z.B. »ich habe gesagt«). Im Lateinischen dagegen ist die Tempusmarkierung im Verb enthalten: Die Verben haben einen eigenen Perfektstamm.

In Lektion 12 lernst du zunächst zwei Bildungsarten kennen:
(1) Die meisten Verben der a-Konjugation und der i-Konjugation bilden das v-Perfekt, bei dem das Perfektstammzeichen -v- an den Präsensstamm angehängt wird.
(2) Die meisten Verben der e-Konjugation ersetzen das ē des Präsensstammes durch ein -ŭ-; diese Perfektbildung wird daher u-Perfekt genannt.

An den so gebildeten Perfektstamm werden dann die Personalendungen angehängt:

v-Perfekt

1. Pers. Sg.	clāmā́-v-ī
2. Pers. Sg.	clāmā-v-ístī
3. Pers. Sg.	clāmā́-v-it
1. Pers. Pl.	clāmā́-v-imus
2. Pers. Pl.	clāmā-v-ístis
3. Pers. Pl.	clāmā-v-érunt

u-Perfekt

1. Pers. Sg.	tácu-ī
2. Pers. Sg.	tacu-ístī
3. Pers. Sg.	tácu-it
1. Pers. Pl.	tacú-imus
2. Pers. Pl.	tacu-ístis
3. Pers. Pl.	tacu-érunt

Tipp: Die Personalendungen sehen meist anders aus als im Präsens. Du kannst eine Perfektform also erkennen
- am Perfektstamm und
- an der typischen Perfektendung.

Besonders musst du die Formen der 2. Person Singular und Plural unterscheiden, die man leicht verwechseln kann.

3. Das Perfekt von *esse*

Schon im Präsens hatte das Verbum *esse* seine eigenen Formen. Dies bleibt auch im Perfekt so – das Verb übernimmt hier die regulären Personalendungen, die an den neuen Perfektstamm *fu-* angehängt werden:

1. Pers. Sg.	fu-ī
2. Pers. Sg.	fu-ístī
3. Pers. Sg.	fu-it
1. Pers. Pl.	fú-imus
2. Pers. Pl.	fu-ístis
3. Pers. Pl.	fu-érunt

Der Akkusativ der Ausdehnung

Auf die Fragen »wie weit?« oder »wie lange?« steht im Lateinischen der Akkusativ der Ausdehnung; bei Zeitangaben kann er durch die Präposition *per* verstärkt werden:

Sine uxōribus Rōmānī nōn **(per) multōs annōs** vīvere possunt.
Ohne Ehefrauen können die Römer nicht **viele Jahre (lang/hindurch)** leben.

Lektion 13

Das Perfekt – Teil 2

Zu den beiden bereits bekannten Bildungsarten kommen noch weitere hinzu. Sie lassen sich aber nicht so einfach einer Verbklasse zuordnen, sondern kommen bei mehreren, manchmal sogar bei allen Konjugationen vor.

(1) **v-Perfekt** (s. Lektion 12)

(2) **u-Perfekt** (s. Lektion 12)

(3) **s-Perfekt:** Beim s-Perfekt wird das Perfektstammzeichen -s- an den (oft leicht verändert oder verkürzt erscheinenden) Präsensstamm angehängt:

ārdēre (brennen) → Perfekt: ārsī

Wenn das Perfektstammzeichen s auf ein c bzw. g folgt, wird aus den beiden Buchstaben ein x:

dūcere (führen) → Perfekt: dūxī

(4) **Dehnungsperfekt**: Das Dehnungsperfekt hat kein eigenes Perfektstammzeichen, dafür wird der Perfektstamm durch eine Dehnung des Stammvokals markiert:

venīre (kommen) → Perfekt: vēnī

(5) **Reduplikationsperfekt**: Beim Reduplikationsperfekt (Verdopplungsperfekt) wird der Anfangskonsonant des Präsensstammes verdoppelt und zusammen mit einem Vokal dem Präsensstamm vorangestellt:

currere (kommen) → Perfekt: cu-currī

Komposita verlieren die Reduplikation in der Regel, sodass der Perfektstamm gegenüber dem Präsensstamm unverändert aussieht:

accurrere (herbeilaufen) → Perfekt: accurrī

(6) **Stammperfekt**: Es gibt aber auch einige Verben der konsonantischen Konjugation, die von Haus aus ein Perfekt ohne (erkennbare) Veränderung bilden:

tribuere (zuteilen) → Perfekt: tribuī

(7) **unregelmäßige Verben**: Wie *esse* werden auch die Formen seines Kompositums **posse** im Perfekt regelmäßiger:

posse (können) → Perfekt: potuī.

Das Partizip Perfekt Passiv (PPP)

1. Die Bildung des PPP

Im Deutschen wird für die Perfektbildung eine Form von »haben« oder »sein« sowie das Partizip II des Verbums benötigt, das ins Perfekt gesetzt werden soll:

ich	habe	gesagt
	Hilfsverb	Partizip II

Ein solches Partizip gibt es auch im Lateinischen: das **P**artizip **P**erfekt **P**assiv (**PPP**). Dabei werden an den (manchmal etwas veränderten) Verbalstamm die Markierung -t- sowie die Endungen der Adjektive der a- / o-Deklination angehängt.

a-Konj.:	clāmā-re	→	**clāmā-t-us, -a, -um**	gerufen
i-Konj.:	audī-re	→	**audī-t-us, -a, -um**	gehört
e-Konj.:	monē-re	→	**móni-t-us, -a, -um**	ermahnt

2. Die Verwendung des PPP

In dieser Lektion lernst du das PPP als Attribut kennen. Es wird wie ein Adjektiv verwendet und hat immer eine passive Bedeutung.

taberna dēlēta:	das zerstörte Geschäft
mūrus aedificātus:	die gebaute Mauer
servus vocātus:	der gerufene Sklave

Die Stammformen

Jedes lateinische Verbum kann, abhängig z.B. vom Tempus, in ganz unterschiedlichen Formen im Satz begegnen. Sie lassen sich mit Hilfe der vier sogenannten Stammformen erschließen, die du dir für jedes Verbum einprägen musst. Zu ihnen gehören:
- der Infinitiv Präsens
- die erste Person Singular im Präsens
- die erste Person Singular im Perfekt
- das PPP (üblicherweise mit der Endung des Neutrums)

Tipp: Ab sofort werden im Lernwortschatz bei allen Verben die vollständigen Stammformen angegeben, wenn sie nicht regelmäßig
- nach der a- oder i-Konjugation mit v-Perfekt bzw.
- nach der e-Konjugation mit u-Perfekt gebraucht werden.

Grammatik

Lektion 14

Der Infinitiv Perfekt

Neben dem Infinitiv Präsens gibt es im Lateinischen noch weitere Infinitive: Besonders häufig ist dabei der Infinitiv Perfekt. Er wird vom Perfektstamm des Verbums gebildet, an den die Endung -isse angehängt wird.

| clāmāre | → | **clāmāv-isse** | gerufen (zu) haben |
| esse | → | **fu-isse** | gewesen (zu) sein |

Zeitverhältnisse

Ein Text besteht oft aus einer Reihe von Ereignissen. Dabei ist es wichtig zu wissen, was zuerst passiert ist und was erst später möglich ist. Zwischen den Handlungen bestehen also verschiedene Zeitverhältnisse. Ein solches Zeitverhältnis wird immer von einer Haupthandlung aus beurteilt; entsprechend sind die daran angeschlossenen Aussagen …
- … **vorzeitig**, wenn sie vor der Haupthandlung geschehen sind;
- … **gleichzeitig**, wenn sie zur selben Zeit ablaufen;
- … **nachzeitig**, wenn sie erst danach ablaufen werden.

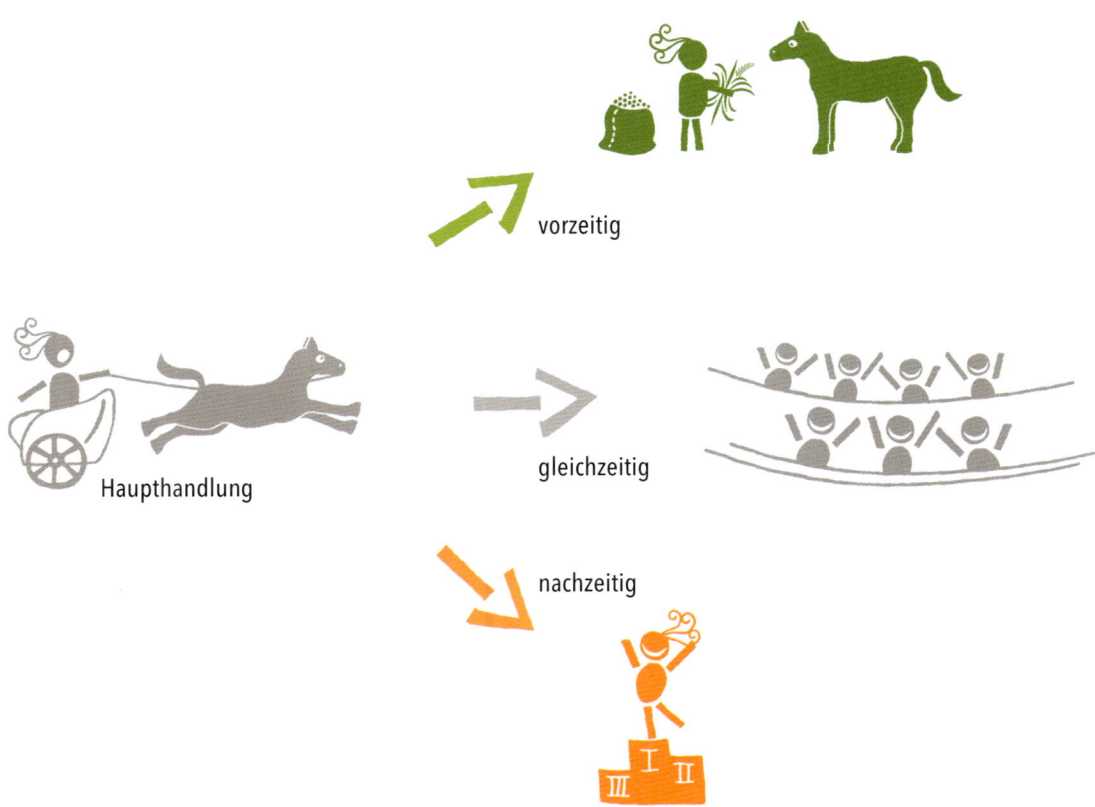

Zeitverhältnisse im AcI

Im AcI drückt der Infinitiv das Zeitverhältnis zur Haupthandlung aus, die im einleitenden Verbum des Sagens enthalten ist:
- Der **Infinitiv Präsens** steht für die **Gleichzeitigkeit**,
- der **Infinitiv Perfekt** für die **Vorzeitigkeit**.

Mārcus comperit …	Marcus erfährt / erfuhr, …
Germānōs nunc aquilam **habēre**.	dass die Germanen jetzt den Legionsadler **besitzen**.
Germānōs legiōnem **vīcisse**.	dass die Germanen die Legion **besiegt haben**.

Die Bezeichnung »Präsens« bzw. »Perfekt« bedeutet nicht, dass die entsprechenden Satzteile immer mit diesen Tempora übersetzen werden können. Wenn das einleitende Verb in der Vergangenheit steht, musst du manchmal eine gleichzeitig stattfindende Handlung mit Präteritum wiedergeben, eine vorzeitige mit Plusquamperfekt:

Gāia vīdit …	Gaia sah, …
patrem ex urbe venīre.	dass ihr Vater aus der Stadt kam.
patrem iam ex urbe vēnisse.	dass ihr Vater schon aus der Stadt gekommen war.

Um das Zeitverhältnis in einer AcI-Konstruktion richtig zu übersetzen, musst du zunächst das Tempus des Einleitungsverbs bestimmen. Anschließend musst du dir den Infinitiv im AcI genau ansehen:
- Infinitiv Präsens: Die Handlung im AcI (= im dass-Satz) passiert gleichzeitig.
- Infinitiv Perfekt: Die Handlung im AcI (= im dass-Satz) ist schon vorher geschehen, also schon Vergangenheit.

Lektion 15

Das Imperfekt

Wie im Deutschen gibt es im Lateinischen neben dem Perfekt ein weiteres Vergangenheitstempus: das Imperfekt (Präteritum).

1. Pers. Sg.	clāmā́-**ba**-m	ich rief
2. Pers. Sg.	clāmā́-**bā**-s	du riefst
3. Pers. Sg.	clāmā́-**ba**-t	er, sie, es rief
1. Pers. Pl.	clāmā-**bā́**-mus	wir riefen
2. Pers. Pl.	clāmā-**bā́**-tis	ihr rieft
3. Pers. Pl.	clāmā́-**ba**-nt	sie riefen

1. Pers. Sg.	curr-**ḗba**-m
2. Pers. Sg.	curr-**ēbā**-s
3. Pers. Sg.	curr-**ḗba**-t
1. Pers. Pl.	curr-**ēbā́**-mus
2. Pers. Pl.	curr-**ēbā́**-tis
3. Pers. Pl.	curr-**ḗba**-nt

Tipp: Das Imperfekt wird vom Präsensstamm gebildet, an den das Tempuszeichen -ba- (bzw. bei der konsonantischen und bei der i-Konjugation -eba-) und anschließend die Personalendungen angehängt werden.

Das Imperfekt von *esse* und *posse*

Das Imperfekt von *esse* und seinen Komposita wird wieder mit eigenen Formen gebildet:

1. Pers. Sg.	eram
2. Pers. Sg.	erās
3. Pers. Sg.	erat
1. Pers. Pl.	erā́mus
2. Pers. Pl.	erā́tis
3. Pers. Pl.	erant

1. Pers. Sg.	pót-eram
2. Pers. Sg.	pót-erās
3. Pers. Sg.	pót-erat
1. Pers. Pl.	pot-erā́mus
2. Pers. Pl.	pot-erā́tis
3. Pers. Pl.	pót-erant

Verwendung von Perfekt und Imperfekt

Für Schilderungen in der Vergangenheit kann im Lateinischen sowohl das Perfekt als auch das Imperfekt gebraucht werden; die beiden Tempora drücken jedoch unterschiedliche Betrachtungsweisen des Autors (= Aspekte) aus:

Im Perfekt schildert der Autor vergangene Handlungen oder Ereignisse ganz neutral als reine Vergangenheit.

Im Imperfekt schildert der Autor zwar auch vergangene Geschehnisse, aber er will zugleich betonen, dass diese Geschehnisse …

- zum damaligen Zeitpunkt gerade erst abliefen und noch nicht abgeschlossen waren (vgl. im Englischen die -ing-Form) oder
- wiederholt stattfanden oder
- dass es sich um andauernde Zustände oder Gewohnheiten handelt.

Grammatik 15

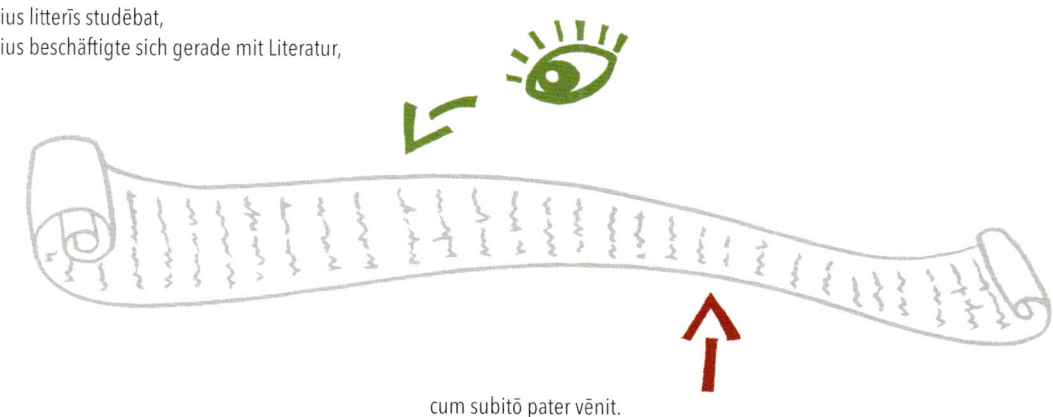

Sabīnius litterīs studēbat,
Sabinius beschäftigte sich gerade mit Literatur,

cum subitō pater vēnit.
als plötzlich sein Vater kam.

Meist verwendest du für die Übersetzung beider Tempora im Deutschen das Präteritum. Das Perfekt ist im Deutschen eher umgangssprachlich – manchmal (z.B. in einem Dialog) ist das natürlich auch eine sehr treffende Übersetzung.

Zusätzlich kannst du durch kleine Wörter den Aspekt des Imperfekts stärker betonen (z.B. gerade, immer wieder).

Konjunktionen und Subjunktionen

Wie im Deutschen gibt es auch im Lateinischen Haupt- und Nebensätze.

Hauptsätze können mit **Konjunktionen** wie z.B. *et, aut, sed* oder *nam* miteinander verbunden werden (Beiordnung). Manchmal treten Konjunktionen auch paarweise auf (z.B. *et ... et, neque ... neque, aut ... aut, nōn sōlum ... sed etiam*).

Hauptsätze können auch durch Nebensätze ergänzt werden (Unterordnung). Werden sie durch **Subjunktionen** an den Hauptsatz angeschlossen, heißen sie Adverbialsätze und haben immer eine bestimmte Sinnrichtung.

kausal (Grund):	quod *(weil)*, quia *(weil)*
temporal (Zeit):	postquam *(nachdem)*; cum *(als; immer wenn)*
kondizional (Bedingung):	sī *(wenn, falls)*
konzessiv (Einräumung):	quamquam *(obwohl)*

Vorsicht: *Cum* kann im Lateinischen Präposition oder Subjunktion sein und muss dann jeweils verschieden übersetzt werden. Du kannst die Wortarten leicht unterscheiden:
- Bei der Präposition *cum* folgt direkt ein Substantiv im Ablativ.
- Die Subjunktion *cum* steht meist direkt am Satzanfang oder an der Spitze eines Nebensatzes. Außerdem folgt ihr in der Regel kein Ablativ.

Vollendete Tatsachen | 37

Grammatik

Lektion 16

Das Futur I – Teil 1: Bo-Bi-Bu-Futur

Um über Handlungen und Ereignisse zu reden, die in der Zukunft eintreten werden, gibt es auch im Lateinischen ein eigenes Tempus: das Futur I.

Im Deutschen verwenden wir statt des Futurs oft das Präsens (z. B.: Morgen mache ich das anders). Das Lateinische ist genauer und verwendet für zukünftige Handlungen stets das Futur.

Das Futur wird bei den Verben der **a- und der e-Konjugation** mit dem Tempuszeichen **-b-** (oft mit Sprechvokal) und den Personalendungen des Präsensstammes gebildet.

1. Pers. Sg.	clāmā-**b**-ō	ich werde rufen
2. Pers. Sg.	clāmā-**bi**-s	du wirst rufen
3. Pers. Sg.	clāmā-**bi**-t	er, sie, es wird rufen
1. Pers. Pl.	clāmā́-**bi**-mus	wir werden rufen
2. Pers. Pl.	clāmā́-**bi**-tis	ihr werdet rufen
3. Pers. Pl.	clāmā-**bu**-nt	sie werden rufen

Vorsicht: Oft unterscheidet nur der Vokal (*i* bzw. *u*) die Formen des Futur I vom Imperfekt (vgl. *clāmābit – clāmābat*).

Das Verbum *īre*

Die Präsensformen von *īre* »gehen« kennst du schon seit Lektion 11. Natürlich gibt es dieses Verbum auch in anderen Tempora:

Futur I

1. Pers. Sg.	ī-**b**-ō
2. Pers. Sg.	ī-**bi**-s
3. Pers. Sg.	ī-**bi**-t
1. Pers. Pl.	ī-**bi**-mus
2. Pers. Pl.	ī-**bi**-tis
3. Pers. Pl.	ī-**bu**-nt

Imperfekt

1. Pers. Sg.	ī-**ba**-m
2. Pers. Sg.	ī-**bā**-s
3. Pers. Sg.	ī-**ba**-t
1. Pers. Pl.	ī-**bā**-mus
2. Pers. Pl.	ī-**bā**-tis
3. Pers. Pl.	ī-**ba**-nt

Perfekt

1. Pers. Sg.	i-**ī**
2. Pers. Sg.	ī-**stī**
3. Pers. Sg.	i-**it**
1. Pers. Pl.	i-**imus**
2. Pers. Pl.	ī-**stis**
3. Pers. Pl.	i-**ērunt**

Der Infinitiv Perfekt lautet: **īsse**

Substantive als prädikative Attribute

Auch Substantive können als prädikative Attribute gebraucht werden, besonders, wenn sie ein Lebensalter, ein Amt oder eine Funktion innerhalb der Familie bezeichnen. Im Deutschen werden sie mit »als« in den Satz eingefügt.

Iam crās **uxor** domō exībō.
Schon morgen werde ich **als Ehefrau** aus dem Haus gehen.

Lektion 17

Das Futur I – Teil 2: KAmEl-Futur

Bei den Verben der i- und der kons. Konjugation wird das Futur I mit den vokalischen Tempuszeichen -a- (nur in der ersten Person Singular) und -e- sowie den Personalendungen des Präsensstammes gebildet (»KAmEl-Futur«).

1. Pers. Sg.	audi-**a**-m	ich werde hören
2. Pers. Sg.	audi-**ē**-s	du wirst hören
3. Pers. Sg.	audi-**e**-t	er, sie, es wird hören
1. Pers. Pl.	audi-**ē**-mus	wir werden hören
2. Pers. Pl.	audi-**ē**-tis	ihr werdet hören
3. Pers. Pl.	audi-**e**-nt	sie werden hören

Bei den kurzvokalischen i-Stämmen steht vor dem Tempuszeichen jeweils noch ein -i- (*rapi-a-m* usw.).

Das Futur I – Teil 3 (*esse* und *posse*)

Eigene Formen für das Futur I haben *esse* und seine Komposita.

1. Pers. Sg.	erō
2. Pers. Sg.	eris
3. Pers. Sg.	erit
1. Pers. Pl.	érimus
2. Pers. Pl.	éritis
3. Pers. Pl.	erunt

1. Pers. Sg.	pót-erō
2. Pers. Sg.	pót-eris
3. Pers. Sg.	pót-erit
1. Pers. Pl.	pot-érimus
2. Pers. Pl.	pot-éritis
3. Pers. Pl.	pót-erunt

Lektion 18

Adjektive der 3. Deklination

Neben den Adjektiven der a- und der o-Deklination gibt es noch eine große Gruppe von Adjektiven der 3. Deklination.

Ihre Endungen entsprechen weitgehend denen, die du schon von den Substantiven dieser Deklinationsklasse kennst. Abweichende Endungen haben sie allerdings
- im Ablativ Singular: **-ī**,
- im Genitiv Plural: **-ium**,
- im Neutrum Nominativ/Akkusativ Plural: **-ia**.

Nicht alle Adjektive der 3. Deklination haben im Nominativ Singular für jedes Genus eine eigene Form. Entsprechend unterscheidet man zwischen
- dreiendigen Adjektiven: eigene Form für jedes Genus (z. B. *ācer, ācris, ācre*)
- zweiendigen Adjektiven: gemeinsame Form für m. und f. (z. B. *nōbilis, nōbilis, nōbile*)
- einendigen Adjektiven: gemeinsame Form für alle drei Genera (z. B. *pār, pār, pār*).

Eine Übersicht und die Tabellen findest du auf Seite 87.

Vorsicht: Bei den Adjektiven der 3. Deklination sind viele Formen gleich:
- im Singular: Dativ und Ablativ sowie teilweise Nominativ und Genitiv
- im Plural: Dativ und Ablativ sowie Nominativ und Akkusativ

Ortsangaben im Lateinischen

Normalerweise steht auf die Frage »wo?« im Lateinischen der Ablativ *(ablativus loci)*, oft mit der Präposition *in*.

Bei einigen Städte- und Inselnamen der a- und der o-Deklination hat sich aber eine eigene Form erhalten, die wie der Genitiv Singular aussieht: der **Lokativ.**

Rhodī	*auf Rhodos*
Rōmae	*in Rom*
domī	*zu Hause*

Dum mit Indikativ Präsens

In der Bedeutung »während« zieht *dum* in der Regel, auch bei vergangenen Ereignissen, den Indikativ Präsens nach sich.

Dum omnēs discipulī **adsunt**, Molō Cicerōnem laudāvit.
Während alle Schüler versammelt waren, lobte Molon Cicero.

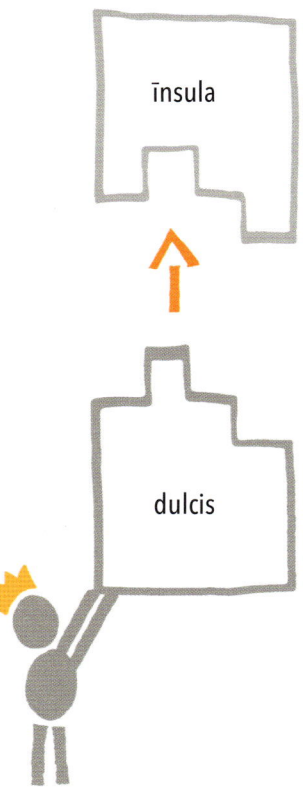

Lektion 19

Das Relativpronomen

Ähnlich wie das Demonstrativpronomen *is, ea, id* wird auch das Relativpronomen *quī, quae, quod* »der, die, das« dekliniert:

	Singular		
	m.	f.	n.
Nom.	quī	quae	quod
Gen.	cuius	cuius	cuius
Dat.	cui	cui	cui
Akk.	quem	quam	quod
Abl.	quō	quā	quō

	Plural		
	m.	f.	n.
Nom.	quī	quae	quae
Gen.	quōrum	quārum	quōrum
Dat.	quibus	quibus	quibus
Akk.	quōs	quās	quae
Abl.	quibus	quibus	quibus

Vorsicht: *Quae* begegnet dir sowohl im Singular als auch im Plural, sodass du den Satz genau analysieren musst, um zu wissen, welche Form vorliegt.

Die Präposition *cum* wird meist hinten an die Pronominalform angehängt (*quibuscum* statt *cum quibus*), die anderen Präpositionen bleiben wie gewohnt davor stehen *(ā quibus)*.

Relativsätze

Relativsätze werden durch das Relativpronomen *quī, quae, quod* eingeleitet und nehmen Bezug auf etwas vorher Genanntes. Dabei können sie sich auf alle Nomen des übergeordneten Satzes beziehen, auch auf den gesamten Satz.

Die Relativpronomina selbst können in jedem Kasus stehen, passen sich aber in **Numerus und Genus an ihr jeweiliges Bezugswort** an.
   Bezieht sich das Relativpronomen auf den gesamten Satz, so steht es im Neutrum Singular (Satz 3).

1. Egō sum C. Iūlius Caesar, quem obsidem tenētis.
   Ich bin C. Julius Caesar, den ihr als Geisel haltet.
2. Nāvem, quā in īnsulam Rhodum īre studēbam, oppressistis.
   Ihr habt mein Schiff, auf dem ich nach Rhodus fahren wollte, überfallen.
3. Sed hostēs semper superāvī, quod omnibus nōtum est.
   Aber ich habe meine Feinde immer besiegt, was allen bekannt ist.

NG-Kongruenz

Caesar bei den Piraten

Lektion 20

Das Plusquamperfekt

Vom Perfektstamm der Verben wird neben dem Perfekt ein weiteres Tempus gebildet: das Plusquamperfekt.

1. Formen des Plusquamperfekts

Für das Plusquamperfekt werden an den Perfektstamm die Formen angehängt, die du vom Imperfekt von *esse* kennst:

	vocāre	
1. Pers. Sg.	vocā-v-**eram**	ich hatte gerufen
2. Pers. Sg.	vocā-v-**erās**	du hattest gerufen
3. Pers. Sg.	vocā-v-**erat**	er hatte gerufen
1. Pers. Pl.	vocā-v-**erāmus**	wir hatten gerufen
2. Pers. Pl.	vocā-v-**erātis**	ihr hattet gerufen
3. Pers. Pl.	vocā-v-**erant**	sie hatten gerufen

	esse	
1. Pers. Sg.	fu-eram	ich war gewesen
2. Pers. Sg.	fu-erās	du warst gewesen
3. Pers. Sg.	fu-erat	er war gewesen
1. Pers. Pl.	fu-erāmus	wir waren gewesen
2. Pers. Pl.	fu-erātis	ihr wart gewesen
3. Pers. Pl.	fu-erant	sie waren gewesen

Vorsicht: Die dritte Person Plural Plusquamperfekt unterscheidet sich optisch nur durch einen Buchstaben von der entsprechenden Perfektform *(-erant/-ērunt)*. Von der Betonung her lassen sich beide Formen aber leicht unterscheiden *(vocáverant/vocāvḗrunt)*.

2. Verwendung des Plusquamperfekts

Als die Sonne aufgegangen war, *brachen wir auf.*

Vorvergangenheit Vergangenheit

Wenn Ereignisse stattgefunden haben müssen, bevor andere Ereignisse passiert sind, die bereits in einem Vergangenheitstempus (also im Imperfekt oder im Perfekt) stehen, verwendet man im Lateinischen wie meist auch im Deutschen das Plusquamperfekt als Tempus der Vor-Vergangenheit.

Ein wichtiger Unterschied ist, dass das Lateinische nach der temporalen Subjunktion *postquam* in der Regel das Perfekt, das Deutsche nach »nachdem« aber das Plusquamperfekt gebraucht.

Für Sprachforscher: Überlege, wie andere dir bekannte Sprachen (z. B. das Englische) das Plusquamperfekt verwenden.

Grammatik 20

Der relativische Satzanschluss

Im Lateinischen steht oft ein Relativpronomen ganz am Beginn eines Satzes; meist leitet es dann aber keinen Nebensatz (also keinen Relativsatz), sondern den **Hauptsatz** ein.

Mit dieser Konstruktion stellt das Lateinische einen besonders engen Bezug zum vorhergehenden Satz her – deswegen wird sie als relativischer Satzanschluss bezeichnet.

Im Deutschen lässt sich das nicht nachmachen; die enge Verbindung der beiden Sätze kannst du durch ein »und« oder – je nach Sinn – auch ein »aber« oder »jedoch« ausdrücken; aus dem Relativpronomen wird in der Übersetzung ein Demonstrativpronomen.

Aenēās umbram Rōmulī videt. *Aeneas sieht den Schatten des Romulus.*
Quī urbem Rōmam condet. ***Und dieser/Er** wird die Stadt Rom gründen.*

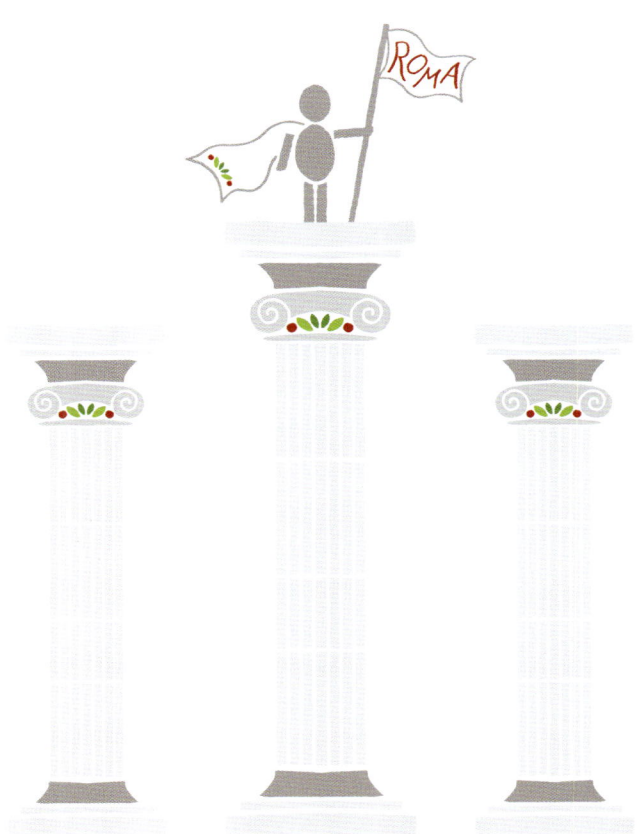

Aeneas in der Unterwelt | 43

Lektion 21

Der Konjunktiv

Der Modus gibt die Aussageweise einer Verbform an. Im Lateinischen (und im Deutschen) unterscheidet man drei Aussageweisen:
a) Die Wirklichkeitsform = Indikativ
   Heute feiert Kaiser Trajan seinen großen Triumph.
b) Die Befehlsform = Imperativ
   Fulvia, beeile dich!
c) Die Möglichkeitsform = Konjunktiv
   Der Konjunktiv hat verschiedene Funktionen. Eine davon lernst du mit dem Irrealis, dem Modus der Nicht-Wirklichkeit, kennen.

1. Formen des Konjunktivs Imperfekt (Konjunktiv der Gleichzeitigkeit)

Die Formen des **Konjunktivs Imperfekt** sehen so aus, als würden an den **Infinitiv Präsens** einfach die bekannten Personalendungen angehängt.

	vocāre
1. Pers. Sg.	vocā-**re-m**
2. Pers. Sg.	vocā-**rē-s**
3. Pers. Sg.	vocā-**re-t**
1. Pers. Pl.	vocā-**ré-mus**
2. Pers. Pl.	vocā-**ré-tis**
3. Pers. Pl.	vocā-**re-nt**

	esse
1. Pers. Sg.	es-se-m
2. Pers. Sg.	es-sē-s
3. Pers. Sg.	es-se-t
1. Pers. Pl.	es-sé-mus
2. Pers. Pl.	es-sé-tis
3. Pers. Pl.	es-se-nt

2. Formen des Konjunktivs Plusquamperfekt (Konjunktiv der Vorzeitigkeit)

Die Formen des **Konjunktivs Plusquamperfekt** sehen so aus, als würden an den **Infinitiv Perfekt** die bekannten Personalendungen angehängt.

	vocāre
1. Pers. Sg.	vocā-v-**isse-m**
2. Pers. Sg.	vocā-v-**issē-s**
3. Pers. Sg.	vocā-v-**isse-t**
1. Pers. Pl.	vocā-v-**issé-mus**
2. Pers. Pl.	vocā-v-**issé-tis**
3. Pers. Pl.	vocā-v-**isse-nt**

	esse
1. Pers. Sg.	fu-isse-m
2. Pers. Sg.	fu-issē-s
3. Pers. Sg.	fu-isse-t
1. Pers. Pl.	fu-issé-mus
2. Pers. Pl.	fu-issé-tis
3. Pers. Pl.	fu-isse-nt

Der Modus der Nicht-Wirklichkeit: der Irrealis

Manchmal will man über Dinge sprechen, die nicht wirklich sind:
Wenn ich reich wäre, dann würde ich mir ein großes Haus kaufen.
Wenn ich nicht getrödelt hätte, hätte ich den Bus nicht verpasst.

Beide Aussagen sind nicht real; der Unterschied ist: Die erste Aussage bezieht sich auf die Gegenwart, die zweite auf die Vergangenheit.

Grammatik 21

Im Lateinischen geht das genauso. Für eine irreale Aussage verwendet das Lateinische
- den **Konjunktiv Imperfekt**, wenn sich die Aussage auf die Gegenwart bezieht (**Irrealis der Gegenwart**),
- den **Konjunktiv Plusquamperfekt**, wenn sich die Aussage auf die Vergangenheit bezieht (**Irrealis der Vergangenheit**).

Irrealis der Gegenwart

Sī in prīmō locō **starēmus**, certē omnia cernere possēmus.
Wenn wir in der ersten Reihe stehen würden, könnten wir sicherlich alles sehen.
(Mitten in der Menschenmenge kann man aber nichts sehen.)

Irrealis der Vergangenheit

Sī magis **properāvissēs**, haud tam sērō **vēnissēmus**.
Wenn du dich [vorhin] mehr beeilt hättest, wären wir nicht so spät gekommen.
(Weil du aber getrödelt hast, kamen wir viel zu spät aufs Forum.)

Mischform

Sī magis **properāvissēs**, certē imperātōrem **vidērēmus**.
Wenn du dich [vorhin] mehr beeilt hättest, würden wir [jetzt] sicherlich den Kaiser sehen.

Triumph über das Mitleid?

Lektion 22

Das Interrogativpronomen

Bislang kennst du als Fragepronomen nur *quid?* »was?«, um nach Sachen zu fragen. Nun lernst du die übrigen Formen kennen; die meisten kennst du schon vom Relativpronomen:

	m./f. (Personen)	n. (Sachen)
Nom.	**quis** (wer?)	**quid** (was?)
Gen.	cuius (wessen?)	
Dat.	cui (wem?)	
Akk.	quem (wen?)	**quid** (was?)
Abl.	ā quō (von wem/was?)	

Wie im Deutschen wird das Interrogativpronomen oft substantivisch verwendet, d. h. es steht alleine ohne Bezugswort und kommt dann auch nur im Singular vor:

Quis ibī stat? **Quid** fēcistī?
Wer steht dort? *Was* hast du getan?

Für Experten: Wenn das Interrogativpronomen zu einem Substantiv hinzutritt (adjektivischer Gebrauch), verwendet das Lateinische die Formen des Relativpronomens *qui, quae, quod,* die du bereits aus Lektion 19 kennst. Sie werden in Kasus, Numerus und Genus angepasst.

Quae puella ibī stat? **Quod** carmen cantās?
Welches Mädchen steht dort? *Welches* Lied singst du?

Nebensätze im Konjunktiv

Bisher hast du den Konjunktiv in seiner Funktion als Irrealis kennengelernt und im Deutschen ebenfalls mit einem Konjunktiv übersetzt.

> Das Lateinische verwendet den Konjunktiv in vielen weiteren Funktionen; besonders häufig begegnet er aber in Nebensätzen – im Deutschen musst du ihn dann nicht ausdrücken.

1. Das Zeitverhältnis: gleichzeitig oder vorzeitig (Teil 1)

Worauf du allerdings bei der Übersetzung achten musst, ist das Zeitverhältnis zwischen über- und untergeordnetem Satz. Die Handlung im untergeordneten Satz kann gleichzeitig zur Handlung im übergeordneten Satz ablaufen – oder schon davor geschehen sein (vorzeitig):

Eurōpa taurum adiit,   *Europa ging zu dem Stier hin,*
… cum eum **aspexisset**. (VZ)   *… als/nachdem sie ihn gesehen hatte.*
… cum bēstiam **metueret**. (GZ)   *… obwohl sie sich vor dem Tier fürchtete.*

Grammatik 22

Wenn der übergeordnete Satz in einem Vergangenheitstempus steht (Imperfekt, Perfekt, Plusquamperfekt), so markiert im untergeordneten Satz immer …
- der Konjunktiv Imperfekt die Gleichzeitigkeit
- der Konjunktiv Plusquamperfekt die Vorzeitigkeit.

2. Verwendung des Konjunktivs in Nebensätzen

konjunktivische Nebensätze mit *cum* und *ut*

Besonders häufig ist der Konjunktiv in Nebensätzen mit *cum* und *ut*.

Achte darauf, dass du überlegst, welche Bedeutung am besten zum Inhalt passt!

cum	ut
– als, nachdem (temporal)	– damit, um … zu (final)
– da, weil (kausal)	– (so) dass (konsekutiv)
– obwohl (oft Signalwort im HS: *tamen*) (konzessiv)	

indirekte Fragesätze

Wenn man einen Fragesatz von einem Verb des Fragens, Sagens oder Wissens abhängig macht, so entsteht ein abhängiger Fragesatz. Im Lateinischen steht in abhängigen Fragen stets der Konjunktiv, im Deutschen oft der Indikativ.

direkte Frage	Puella taurum rogāvit: »Quis es? Quid cupis?«
	Das Mädchen fragte den Stier: »Wer bist du? Was willst du?«
indirekte Frage	Puella taurum rogāvit, quis esset et quid cuperet.
	Das Mädchen fragte den Stier, wer er ist (sei) und was er will (wolle).

Für Experten: Sinnrichtungen im Nebensatz

Mit der Subjunktion *ut* hast du zwei neue Sinnrichtungen kennengelernt:
1. Finalsätze: Finalsätze geben eine Absicht oder einen Zweck an (Frage: warum?). Ich lese dir eine Geschichte vor, **damit** ich dir die Zeit vertreibe/**um** dir die Zeit **zu** vertreiben. (Falls das Subjekt in HS und NS identisch ist, ist eine Übersetzung mit »um … zu« möglich.)
2. Konsekutivsätze: Konsekutivsätze geben eine Folge an. Häufig stehen im übergeordneten Satz Signalwörter wie »so groß, so gut« o. ä. *(tam, ita, sic, tantum).* Du hast die Geschichte **so** gut vorgelesen, **dass** du mich sehr gut unterhalten hast.

Überblick über die Sinnrichtungen

kausal (Grund):	quod, quia, cum *(weil)*
temporal (Zeit):	postquam *(nachdem)*; cum *(nachdem, als, immer wenn)*
kondizional (Bedingung):	sī *(wenn, falls)*, nisī *(wenn nicht)*
konzessiv (Einräumung):	quamquam, cum *(obwohl)*
final (Zweck)	ut *(damit, um zu …)*
konsekutiv (Folge)	ut *(dass)*

Ein besonderer Wunsch | 47

Lektion 23

Konjunktiv Präsens und Perfekt

1. Konjunktiv Präsens (Konjunktiv der Gleichzeitigkeit)

Der Konjunktiv Präsens wird vom Präsensstamm der Verben gebildet, an den ein Moduszeichen angehängt wird. Bei fast allen Konjugationen ist dies ein -a-, nur bei der a-Konjugation wird statt dessen ein -e- gebraucht. Das Ende bilden wieder die bekannten Personalendungen.

	vocāre	pārēre	audīre	currere	cupere
1. Pers. Sg.	voc-e-m	pāre-a-m	audi-a-m	curr-a-m	cupi-a-m
2. Pers. Sg.	voc-ē-s	pāre-ā-s	audi-ā-s	curr-ā-s	cupi-ā-s
3. Pers. Sg.	voc-e-t	pāre-a-t	audi-a-t	curr-a-t	cupi-a-t
1. Pers. Pl.	voc-é-mus	pāre-á-mus	audi-á-mus	curr-á-mus	cupi-á-mus
2. Pers. Pl.	voc-é-tis	pāre-á-tis	audi-á-tis	curr-á-tis	cupi-á-tis
3. Pers. Pl.	voc-e-nt	pāre-a-nt	audi-a-nt	curr-a-nt	cupi-a-nt

Der Konjunktiv Präsens mancher unregelmäßiger Verben folgt anderen Regeln:

	īre	esse	posse
1. Pers. Sg.	e-a-m	s-i-m	pos-s-i-m
2. Pers. Sg.	e-ā-s	s-ī-s	pos-s-ī-s
3. Pers. Sg.	e-a-t	s-i-t	pos-s-i-t
1. Pers. Pl.	e-á-mus	s-ī-mus	pos-s-ī-mus
2. Pers. Pl.	e-á-tis	s-ī-tis	pos-s-ī-tis
3. Pers. Pl.	e-a-nt	s-i-nt	pos-s-i-nt

2. Konjunktiv Perfekt (Konjunktiv der Vorzeitigkeit)

Für den Konjunktiv Perfekt wird an den Perfektstamm das Moduszeichen -eri- angehängt. Den Abschluss bilden wieder die bekannten Personalendungen.

	vocāre	esse
1. Pers. Sg.	vocā-v-eri-m	fu-eri-m
2. Pers. Sg.	vocā-v-eri-s	fu-eri-s
3. Pers. Sg.	vocā-v-eri-t	fu-eri-t
1. Pers. Pl.	vocā-v-éri-mus	fu-éri-mus
2. Pers. Pl.	vocā-v-éri-tis	fu-éri-tis
3. Pers. Pl.	vocā-v-eri-nt	fu-eri-nt

Grammatik 23

Das Zeitverhältnis: gleichzeitig oder vorzeitig (Teil 2)

In Lektion 22 hast du gelernt, dass du bei der Übersetzung von konjunktivischen Nebensätzen immer aufs Zeitverhältnis achten musst: Die Handlung im untergeordneten Satz kann gleichzeitig zur Handlung im übergeordneten Satz ablaufen – oder schon davor geschehen sein (vorzeitig).

Wenn der übergeordnete Satz in einem Vergangenheitstempus steht (Imperfekt, Perfekt, Plusquamperfekt), so markiert im untergeordneten Satz immer …
- der Konjunktiv Imperfekt die Gleichzeitigkeit,
- der Konjunktiv Plusquamperfekt die Vorzeitigkeit.

Wenn der übergeordnete Satz im Präsens oder Futur steht, so markiert im untergeordneten Satz immer …
- der Konjunktiv Präsens die Gleichzeitigkeit,
- der Konjunktiv Perfekt die Vorzeitigkeit.

Nōn īgnōrō,	*Ich weiß ganz genau,*
… quis **sis**. (GZ)	*… wer du **bist**.*
… quid **dīxeris**. (VZ)	*… was du **gesagt hast**.*

Fürs Übersetzen konjunktivischer Nebensätze kannst du dir folgende einfache Regel merken:

Konjunktiv Präsens/Imperfekt	gleichzeitig
Konjunktiv Perfekt/Plusquamperfekt	vorzeitig

Begehrsätze

1. Begehrsätze mit *ut*/*nē*

Nach Verben, die eine Bitte (z. B. *ōrāre*), eine Aufforderung (z. B. *monēre*) oder deren Gegenteil (z. B. *resistere*) ausdrücken, kann die Subjunktion *ut* auch einen Begehrsatz einleiten. Die Verneinung lautet *nē*.

Optō, ut abeās.	*Ich wünsche (mir), dass du weggehst.*
Tē ōrō, nē tālia dīcās.	*Ich bitte dich, dass du so etwas nicht sagst / so etwas nicht zu sagen.*

2. *nē* nach Verben des Fürchtens

Nach Verben des Fürchtens wie *timēre* und *metuere* verwendet das Lateinische die Subjunktion *nē*, um damit zum Ausdruck zu bringen, dass etwas doch bitte nicht geschehen soll; im Deutschen muss das *nē* jedoch mit »dass« übersetzt werden.

Timeō, nē bēstia veniat.	*Ich fürchte, dass ein wildes Tier kommt.*

Io Saturnalia! | 49

Lektion 24

Die 4. Deklination (u-Deklination)

Die Substantive der 4. oder u-Deklination sind fast immer Maskulina. (Ausnahmen: *manus* »die Hand« und *domus* »das Haus« sind Feminina.)

	Sg.	Pl.
Nom.	exercit-us	exercit-ūs
Gen.	exercit-ūs	exercit-uum
Dat.	exercit-uī	exercit-ibus
Akk.	exercit-um	exercit-ūs
Abl.	exercit-ū	exercit-ibus

Die 5. Deklination (e-Deklination)

Die Substantive der 5. oder e-Deklination sind fast immer Feminina (Ausnahme: *diēs* »der Tag« ist Maskulinum).

	Sg.	Pl.
Nom.	r-ēs	r-ēs
Gen.	r-ēī	r-ērum
Dat.	r-ēī	r-ēbus
Akk.	r-em	r-ēs
Abl.	r-ē	r-ēbus

Vorsicht: In beiden Deklinationen gibt es viele mehrdeutige Formen. Mache dir auch Überschneidungen und Verwechslungsgefahren mit den Endungen anderer Deklinationen bewusst! (s. dazu auch die Tabelle auf S. 86)

Genitivus subiectivus und obiectivus

Viele Substantive, die eine Tätigkeit oder ein Gefühl bezeichnen, nehmen ein Genitivattribut zu sich, um die dafür verantwortliche Person zu beschreiben (genitivus subiectivus):

amor liberorum – die Liebe **der Kinder** (= **Die Kinder** lieben jemanden, z. B. ihren Opa)

Häufiger als im Deutschen kann das Genitivattribut aber manchmal auch das »Opfer« angeben, auf das sich die Tätigkeit oder das Gefühl richtet (genitivus obiectivus). Im Deutschen muss man diese Funktion in der Regel durch einen Präpositionalausdruck ausdrücken:

amor liberorum – die Liebe **zu den Kindern** (= Jemand, z. B. die Eltern, liebt **die Kinder**)

Ob ein *genitivus subiectivus* oder *obiectivus* vorliegt, kannst du oft nur aus dem Zusammenhang erschließen.

Lektion 25

Aktiv und Passiv

Bisher kennst du von allen Verben die Formen im Aktiv, nun lernst du auch das Passiv kennen. Vergleiche:

Aktiv: Der Vesuvausbruch zerstörte die Stadt.
Passiv: Die Stadt wurde (vom Vesuvausbruch) zerstört.

Im Lateinischen wird das Passiv genauso verwendet wie im Deutschen, nur kommt es noch häufiger vor.

Die Bildung des Passivs (1): im Perfektstamm

Auch die Bildung des Lateinischen Passivs ist dem Deutschen ähnlich. Im Perfektstamm besteht das Passiv aus zwei Teilen:

Deutsch:	er, sie, es wurde **zerstört**	»werden« + **Partizip II**
Latein:	**deletus, a, um** est	**Partizip Perfekt Passiv** + *esse*

Die Formen des Passivs im Perfektstamm

Das Passiv des Perfektstammes wird also gebildet aus dem PPP und einer Form von *esse*. Natürlich muss das PPP jeweils in Numerus und Genus an das Subjekt angepasst werden.

Indikativ Perfekt Passiv

1. Pers. Sg.	**vocātus**, a, um **sum**	ich wurde gerufen/ich bin gerufen worden
2. Pers. Sg.	vocātus, a, um **es**	…
3. Pers. Sg.	vocātus, a, um **est**	
1. Pers. Pl.	vocātī, ae, a **sumus**	
2. Pers. Pl.	vocātī, ae, a **estis**	
3. Pers. Pl.	vocātī, ae, a **sunt**	

Indikativ Plusquamperfekt Passiv

1. Pers. Sg.	vocātus, a, um **eram**	ich war gerufen worden
2. Pers. Sg.	vocātus, a, um **erās**	…
3. Pers. Sg.	vocātus, a, um **erat**	
1. Pers. Pl.	vocātī, ae, a **erāmus**	
2. Pers. Pl.	vocātī, ae, a **erātis**	
3. Pers. Pl.	vocātī, ae, a **erant**	

Die **Konjunktiv**-Formen werden entsprechend mit dem Konjunktiv von *esse* gebildet:
Konjunktiv Perfekt Passiv: vocātus, a, um **sim** …
Konjunktiv Plusquamperfekt Passiv: vocātus, a, um **essem** …

Infinitiv Perfekt Passiv: vocātum esse

Grammatik

Verwendung des Passivs

Das Passiv wird im Lateinischen häufiger gebraucht als im Deutschen, ist aber weitgehend deckungsgleich.

Einer der großen Vorteile des Passivs ist, dass der Erzähler verschweigen kann, *von wem* etwas gemacht wurde: Der »Täter« ist im Passiv nämlich nicht unbedingt erforderlich; im Aktivsatz hingegen ist er das Subjekt und damit unverzichtbar.

Vergleiche:

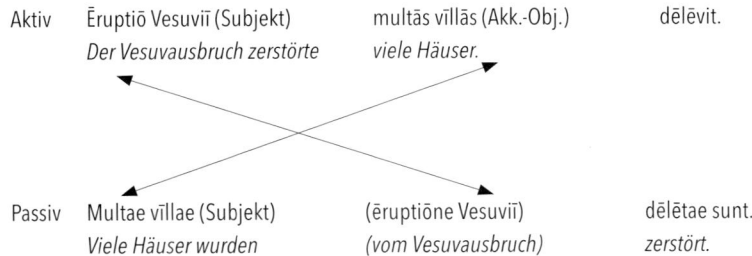

Aktiv	Ēruptiō Vesuviī (Subjekt) *Der Vesuvausbruch zerstörte*	multās vīllās (Akk.-Obj.) *viele Häuser.*	dēlēvit.
Passiv	Multae vīllae (Subjekt) *Viele Häuser wurden*	(ēruptiōne Vesuviī) *(vom Vesuvausbruch)*	dēlētae sunt. *zerstört.*

Der »Täter« (d. h. das Subjekt des aktiven Satzes) wird im Passiv als Adverbiale wiedergegeben:
- im Deutschen mit den Präpositionen *von* oder *durch*,
- im Lateinischen bei Dingen im bloßen Ablativ (instrumentalis), bei Personen mit der Präposition *a/ab* und Ablativ.
- Das Akkusativobjekt des aktiven Satzes wird im Passivsatz zum Subjekt.

Für Sprachforscher:
1. Überlege, von welchen Verben du ein Passiv bilden kannst und von welchen nicht.
2. Erkläre die Verwendung des Passivs in anderen dir bekannten Sprachen (z. B. im Englischen).

Die beiden Genera Verbi: Ein Verb bestimmen

Aktiv und Passiv sind die beiden *Genera verbi* (Handlungsarten) des Lateinischen und des Deutschen. Du kennst nun alle Eigenschaften, mit denen du ein finites Verb bestimmen kannst, z. B.:

vocātus est:	3. Person	Singular	Indikativ	Perfekt	Passiv
	(Person)	*(Numerus)*	*(Modus)*	*(Tempus)*	*(Genus verbi)*

Lektion 26

Die Bildung des Passivs (2): im Präsensstamm

Das Passiv im Präsensstamm erkennst du leicht, denn es hat eigene Personalendungen. Sie werden einfach anstatt der bisherigen Personalendungen an das Wort angehängt:

Stamm + Tempus- bzw. Moduszeichen + Personalendungen für das Passiv

1. Präsens Passiv

Indikativ

1. Pers. Sg.	vide-**or**	ich werde gesehen
2. Pers. Sg.	vidē-**ris**	…
3. Pers. Sg.	vidē-**tur**	
1. Pers. Pl.	vidē-**mur**	
2. Pers. Pl.	vidē-**minī**	
3. Pers. Pl.	vide-**ntur**	

Konjunktiv

vide-a-r
vide-ā-ris
vide-ā-tur
vide-ā-mur
vide-ā-minī
vide-a-ntur

2. Imperfekt Passiv

Indikativ

1. Pers. Sg.	vidē-ba-r	ich wurde gesehen
2. Pers. Sg.	vidē-bā-ris	…
3. Pers. Sg.	vidē-bā-tur	
1. Pers. Pl.	vidē-bā-mur	
2. Pers. Pl.	vidē-bā-minī	
3. Pers. Pl.	vidē-ba-ntur	

Konjunktiv

vidē-re-r
vidē-rē-ris
vidē-rē-tur
vidē-rē-mur
vidē-rē-minī
vidē-re-ntur

3. Futur Passiv

Indikativ

1. Pers. Sg.	vidē-bo-r	ich werde gesehen (werden)
2. Pers. Sg.	vidē-**be**-ris	…
3. Pers. Sg.	vidē-bi-tur	
1. Pers. Pl.	vidē-bi-mur	
2. Pers. Pl.	vidē-bī-minī	
3. Pers. Pl.	vidē-bū-ntur	

Die Übersicht über alle Konjugationen findest du auf S. 91.

4. Infinitiv Präsens Passiv

Der Infinitiv Präsens Passiv wird ebenfalls vom Präsensstamm gebildet:
- die Verben der **a-, e- und i-Konjugation** erhalten die Endung -rī (z. B. *laudārī, monērī, audīrī*)
- die Verben der **kons. und der kurzvok. Konjugation** erhalten die Endung -ī (z. B. *capī, agī*)

Lektion 27

Das Partizip Präsens Aktiv (PPA)

> vocāns – rufend
>
> Wie das Deutsche kennt auch das Lateinische ein **Partizip der Gleichzeitigkeit**, das eine aktive Handlung ausdrückt. Im Deutschen heißt das Partizip meistens »Partizip I«.

Die Formen des Partizips Präsens Aktiv

Es wird gebildet, indem an den Präsensstamm das Suffix *-nt-* (bzw. im Nominativ *-ns*) angefügt wird. Dekliniert wird es wie ein Adjektiv der 3. Deklination (außer Ablativ Sg. auf -e).

Singular	
Nom.	vocā-**ns**
Gen.	voca-**nt**-is
Dat.	voca-**nt**-ī
Akk.	voca-**nt**-em
Abl.	voca-**nt**-e

Plural	
Nom.	voca-**nt**-ēs
Gen.	voca-**nt**-ium
Dat.	voca-**nt**-ibus
Akk.	voca-**nt**-ēs
Abl.	voca-**nt**-ibus

Für Experten: In der i-Konjugation und in der konsonantischen Konjugation wird vor -ns/-nt- noch der Bindevokal -e- eingefügt: *audi-ē-ns, curr-ē-ns, cupi-ē-ns*. Besondere Formen bilden außerdem *īre (iēns, euntis …)* und seine Komposita.

Wie du es schon von den Infinitiven kennst, drückt auch das **P**artizip **P**räsens **A**ktiv (PPA) keine Zeit (also kein Präsens) aus, sondern ein **Zeitverhältnis**. Das PPA beschreibt eine Handlung, die **gleichzeitig** mit einer anderen abläuft bzw. ablief.

> Merke: Das **PPA** drückt eine **gleichzeitige** Handlung im **Aktiv** aus und wird darum oft auch aktives Partizip der Gleichzeitigkeit genannt. Es muss in dem Tempus übersetzt werden, das zum Bezugsverb passt.

Grammatik 27

Die Verwendung des Partizips

Das Partizip passt sich im Lateinischen in Kasus, Numerus und Genus (KNG) an sein Bezugswort an, ebenso meistens im Deutschen.
de-ae certant-ēs – *streitend-e Göttin-nen*

Die Übersetzung des Partizips

Man kann das lateinische Partizip **wörtlich**, also auch als Partizip, ins Deutsche übersetzen. Allerdings verwendet das Lateinische Partizipien häufig so, dass eine wörtliche Übersetzung sehr umständlich klingt, vor allem, wenn das Partizip durch zusätzliche Angaben erweitert wird:
Iūnō mālum appetēns Paridī magnum imperium prōmīsit.
Die den Apfel unbedingt haben wollende Iuno versprach dem Paris ein großes Reich.

In diesen Fällen musst du umformulieren! Du hast folgende Möglichkeiten:

1. attributive Übersetzung: Relativsatz

Wenn du davon ausgehst, dass das Partizip einfach nur das Bezugswort näher beschreibt, kannst du es mit einem Relativsatz wiedergeben.
Iūnō mālum appetēns Paridī magnum imperium prōmīsit.
Juno, die den Apfel unbedingt haben wollte, versprach dem Paris ein großes Reich.

2. adverbiale Übersetzung: Nebensatz / Beiordnung / mit Präposition

Oft kann man auch eine logische Verbindung zwischen Partizip und Prädikat erkennen. Wenn du das bei der Übersetzung betonen willst, kannst du das Partizip mit einem adverbialen Nebensatz wiedergeben.
Iūnō mālum appetēns Paridī magnum imperium prōmīsit.
Juno versprach, weil sie den Apfel unbedingt haben wollte, dem Paris ein großes Reich.

Der Partizipialausdruck gibt also wie eine Adverbiale die näheren Umstände der Handlung an.

> **!** Je nach Zusammenhang kannst du verschiedene Nebensatzarten wählen, z. B.:
> temporal (Zeit) *während, als*
> kausal (Grund) *weil*
> konzessiv (Einräumung) *obwohl, auch wenn*

Alternativ kannst du den Partizipialausdruck auch durch ein »und« an den Satz anbinden (Beiordnung).
Iūnō mālum appetēns Paridī magnum imperium prōmīsit.
Juno wollte den Apfel unbedingt haben und versprach deshalb dem Paris ein großes Reich.

Auch eine Übersetzung mit Präpositionalausdruck ist möglich:
Aus Begierde nach dem Apfel versprach Juno dem Paris ein großes Reich.

Grammatik

Für Experten: Das mit Adverbialsatz bzw. Beiordnung aufgelöste Partizip wird in der Grammatik auch als »participium coniunctum« (oft als PC abgekürzt) bezeichnet. Die adverbiale und die attributive Verwendung lässt sich jedoch im Lateinischen formal nicht unterscheiden – du musst dich nach dem Textzusammenhang für die Lösung entscheiden, die im Deutschen am besten klingt.

Zusammenfassung: So geht's!

So gehst du vor, wenn du ein Partizip in einem lateinischen Satz findest:

1. Partizip markieren
   - Bestimme das Partizip nach Kasus, Numerus und Genus und ordne es so einem Bezugswort zu. Verbinde dann das Partizip durch einen Pfeil mit seinem Bezugswort.
   - Klammere das Partizip und seine Erweiterungen (nicht aber das Bezugswort) ein:

   Iūnō [mālum appetēns] Paridī magnum imperium prōmīsit.

2. Inhalt verstehen
   - Übersetze zuerst den Satz ohne Klammer *(Juno versprach Paris ein großes Reich)*.
   - Untersuche dann die Partizip-Klammer und überlege dir:
     Wer handelt? → Bezugswort *(hier: Juno)*
     Was tut die Person? → Partizip *(hier: Sie möchte den Apfel haben.)*

3. Zusammenhang herstellen
   - Beschreibt das Partizip einfach nur das Bezugswort?
     Oder siehst du eine logische Verbindung zwischen der Handlung des Partizips und dem Rest des Satzes? Wenn ja: Welche? *(hier: Warum verspricht sie Paris ein großes Reich? → Das Partizip gibt einen Grund für ihr Verhalten an. → kausale Sinnrichtung)*

4. Übersetzen
   - Wähle nun eine Übersetzung für das Partizip und seine Ergänzungen und baue sie in den Satz ein. *(hier: Juno versprach, weil sie den Apfel unbedingt haben wollte, dem Paris ein großes Reich.)*

Lektion 28

Das PPP und seine Verwendung im Satz

Natürlich kann ein Partizipialausdruck nicht nur mit dem Partizip Präsens Aktiv (PPA) gebildet werden, sondern auch mit dem Partizip Perfekt Passiv (PPP).

Dadurch verändert sich die Bedeutung in zwei wichtigen Punkten:
- Die Partiziphandlung ist nun **vorzeitig** zum übergeordneten Satz und
- sie muss im **Passiv** übersetzt werden.

Trōiānī equum [ab hostibus in lītore relictum] in urbem trahunt.

Auch hier kannst du die Übersetzungsmöglichkeiten aus Lektion 27 anwenden:
1. **wörtlich:**
   Die Trojaner ziehen das von den Feinden am Strand zurückgelassene Pferd in die Stadt.
2. **Relativsatz:**
   Die Trojaner ziehen das Pferd, das von den Feinden am Strand zurückgelassen worden ist, in die Stadt.
3. **adverbialer Nebensatz/Beiordnung:**
   Nachdem das Pferd von den Feinden am Strand zurückgelassen worden ist, ziehen es die Trojaner in die Stadt.
   Das Pferd ist von den Feinden am Strand zurückgelassen worden; daraufhin ziehen es die Trojaner in die Stadt.

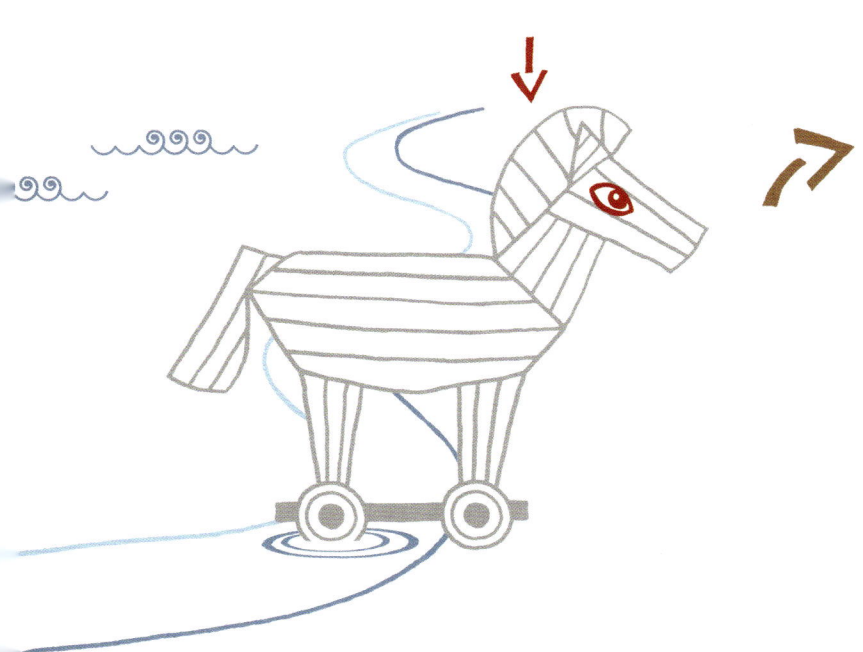

Lektion 29

Demonstrativpronomina

Neben *is, ea, id* (vgl. Lektion 10) gibt es im Lateinischen noch weitere Demonstrativpronomina, mit denen etwas hervorgehoben werden kann, so als würde man mit dem Finger darauf zeigen *(dēmōnstrāre)*.

hic, haec, hoc

	Singular		
	m.	f.	n.
Nom.	hic	haec	hoc
Gen.	huius	huius	huius
Dat.	huic	huic	huic
Akk.	hunc	hanc	hoc
Abl.	hōc	hāc	hōc

	Plural		
	m.	f.	n.
Nom.	hī	hae	**haec**
Gen.	hōrum	hārum	hōrum
Dat.	hīs	hīs	hīs
Akk.	hōs	hās	**haec**
Abl.	hīs	hīs	hīs

ille, illa, illud

	Singular		
	m.	f.	n.
Nom.	ille	illa	**illud**
Gen.	illíus	illíus	illíus
Dat.	illī	illī	illī
Akk.	illum	illam	**illud**
Abl.	illō	illā	illō

	Plural		
	m.	f.	n.
Nom.	illī	illae	illa
Gen.	illōrum	illārum	illōrum
Dat.	illīs	illīs	illīs
Akk.	illōs	illās	illa
Abl.	illīs	illīs	illīs

Die meisten Formen haben die Endungen der a-/o-Deklination. Die besonderen Endungen im Genitiv und Dativ Singular kennst du in ähnlicher Form schon von *is, ea, id* und *qui, quae, quod*.

Die Verwendung von *hic* und *ille*

- *Hic, haec, hoc* verweist auf Personen oder Gegenstände, die sich beim Sprecher befinden oder ihm (räumlich, zeitlich oder gefühlsmäßig) nahestehen → »dieser (hier bei mir)«.
- *Ille, illa, illud* verweist auf Personen oder Gegenstände, die dem Sprecher (räumlich, zeitlich oder gefühlsmäßig) fern sind → »jener (dort)«.

Grammatik 29

Die Formen von *ferre, ferō, tūlī, lātum*

Zu den unregelmäßigen Verben gehört auch *ferre*. Im Präsensstamm weist es einige Sonderformen auf. Die Formen des Perfektstamms sehen zwar – wie auch das PPP – völlig anders aus als der Präsensstamm, sind aber wieder ganz regelmäßig.

Präsens

Aktiv	Indikativ	Konjunktiv
1. Pers. Sg.	fer-ō	fer-a-m
2. Pers. Sg.	**fer-s**	fer-ā-s
3. Pers. Sg.	**fer-t**	fer-a-t
1. Pers. Pl.	fér-i-mus	fer-ā-mus
2. Pers. Pl.	**fer-tis**	fer-ā-tis
3. Pers. Pl.	fer-u-nt	fer-a-nt

Passiv	Indikativ	Konjunktiv
1. Pers. Sg.	fer-or	fer-a-r
2. Pers. Sg.	**fer-ris**	fer-ā-ris
3. Pers. Sg.	**fer-tur**	fer-ā-tur
1. Pers. Pl.	fer-i-mur	fer-ā-mur
2. Pers. Pl.	fer-í-minī	fer-ā-mini
3. Pers. Pl.	fer-ú-ntur	fer-a-ntur

Imperfekt

Aktiv	Indikativ	Konjunktiv
1. Pers. Sg.	fer-ēba-m	fer-re-m
2. Pers. Sg.	fer-ēbā-s	fer-rē-s
3. Pers. Sg.	fer-ēba-t	fer-re-t
1. Pers. Pl.	fer-ēbā-mus	fer-rē-mus
2. Pers. Pl.	fer-ēbā-tis	fer-rē-tis
3. Pers. Pl.	fer-ēba-nt	fer-re-nt

Passiv	Indikativ	Konjunktiv
1. Pers. Sg.	fer-ēba-r	fer-re-r
2. Pers. Sg.	fer-ēbā-ris	fer-rē-ris
3. Pers. Sg.	fer-ēbā-tur	fer-rē-tur
1. Pers. Pl.	fer-ēbā-mur	fer-rē-mur
2. Pers. Pl.	fer-ēbā-minī	fer-rē-minī
3. Pers. Pl.	fer-ēba-ntur	fer-re-ntur

Futur

Aktiv	Indikativ
1. Pers. Sg.	fer-a-m
2. Pers. Sg.	fer-ē-s
3. Pers. Sg.	fer-e-t
1. Pers. Pl.	fer-ē-mus
2. Pers. Pl.	fer-ē-tis
3. Pers. Pl.	fer-e-nt

Passiv	Indikativ
1. Pers. Sg.	fer-a-r
2. Pers. Sg.	fer-ē-ris
3. Pers. Sg.	fer-ē-tur
1. Pers. Pl.	fer-ē-mur
2. Pers. Pl.	fer-ē-minī
3. Pers. Pl.	fer-e-ntur

Imperativ

2. Pers. Sg.	**fer!**
2. Pers. Pl.	**ferte!**

Infinitiv und Partizip

Der Infinitiv Präsens Passiv lautet *ferrī*, das PPA *ferēns, ferentis*.

Lektion 30

Der Ablativus absolutus (1)

1. Der Ablativus absolutus

In Lektion 27 und 28 hast du gesehen, dass das Lateinische den Satz sehr gern durch Partizipien erweitert. Diese Partizipien waren bisher immer von einem Satzglied (z. B. vom Subjekt oder vom Objekt) abhängig und damit mit dem Satz verbunden.

Mīlitēs [Germānōs timentēs] sē trāns Rhēnum recēpērunt.

Weil die Soldaten Angst vor den Germanen hatten, zogen sie sich über den Rhein zurück.

Es gibt aber im Lateinischen auch die Möglichkeit, das Partizip gar nicht in den Satz einzubinden, sondern ihm ein Substantiv an die Seite zu stellen, das als eigenes Subjekt der Partizipialhandlung dient. Diese Konstruktion ist damit »losgelöst« vom übergeordneten Satz (lat. absolutus); sie steht immer im Ablativ und wird **Ablativus absolutus** genannt.

[**Hostibus victīs**]   Caesar sē trāns Rhēnum recēpit.
Nachdem die Feinde besiegt worden waren, zog sich Caesar über den Rhein zurück.

2. Das Zeitverhältnis im Ablativus absolutus

In welchem Zeitverhältnis der Abl. abs. zum Satz steht, erkennst du am Partizip:
- Mit einem **PPA** ist der Ablativus absolutus **gleichzeitig** und **aktiv**.
- Mit einem **PPP** ist der Ablativus absolutus **vorzeitig** und **passiv**.

3. Die Übersetzung des Ablativus absolutus

Dass du manche lateinische Konstruktionen im Deutschen nicht direkt nachmachen kannst, weißt du schon. Das gilt auch für den Ablativus absolutus. Für die Wiedergabe im Deutschen hast du folgende Möglichkeiten:

1. Übersetzung mit einem Adverbialsatz

Du kannst den Abl. abs. mit einem Adverbialsatz wiedergeben. Je nach Zusammenhang kannst du verschiedene Nebensatzarten wählen, z. B.:

temporal (Zeit)	*als, während (gleichzeitig); nachdem (vorzeitig)*
kausal (Grund)	*weil*
konzessiv (Einräumung)	*obwohl*

Bei der Auflösung des Ablativ-Ausdrucks wird im Deutschen aus dem Substantiv das Subjekt und aus dem Partizip das Prädikat des Adverbialsatzes. Am Partizip kannst du außerdem das Zeitverhältnis ablesen.

[Hostibus] [victīs] Caesar sē trāns Rhēnum recēpit.

Nachdem [die Feinde] [besiegt worden waren], zog sich Caesar über den Rhein zurück.

2. weitere Möglichkeiten: Beiordnung und Substantivierung

Alternativ kannst du den Abl. abs. beiordnen oder ihn mit einem Präpositionalausdruck wiedergeben:

Hostibus victīs Caesar sē trāns Rhēnum recēpit.
Die Feinde wurden besiegt; darauf zog sich Caesar über den Rhein zurück.
Nach dem Sieg über seine Feinde zog sich Caesar über den Rhein zurück.

Wie klingt die deutsche Übersetzung besser?

Wie du weißt, ist ein Abl. abs. mit PPP nicht nur vorzeitig, sondern auch passiv. Das führt oft dazu, dass die deutsche Übersetzung etwas umständlich klingt:
Hostibus victīs Caesar sē trāns Rhēnum recēpit.
Nachdem die Feinde besiegt worden waren, zog sich Caesar über den Rhein zurück.

Aber natürlich wurden die Feinde *von Caesar* besiegt, der im Hauptsatz als Subjekt begegnet. Deswegen empfiehlt es sich im Deutschen manchmal, das Passiv ins Aktiv umzuwandeln:
Nachdem Caesar die Feinde besiegt hatte, zog er sich über den Rhein zurück.

Grammatik

Zusammenfassung: So geht's!

1. Ablativus absolutus markieren
   - Bestimme das Partizip nach KNG und ordne es so einem Bezugswort zu.
   - Verbinde dann das Partizip durch einen Pfeil mit seinem Bezugswort. Klammere das Partizip, sein Bezugswort und die Erweiterungen dazwischen ein.

   [Hostibus victīs] Caesar sē trāns Rhēnum recēpit.

2. Inhalt verstehen
   - Übersetze zuerst den Satz ohne Klammer. *(hier: Caesar zog sich über den Rhein zurück)*.
   - Untersuche dann die Klammer und überlege:
     Wer ist Subjekt? → Substantiv im Ablativ *(hier: die Feinde)*
     Was tut das Subjekt bzw. was passiert mit ihm? → Partizip: PPA = aktiv; PPP = passiv *(hier: die Feinde wurden besiegt)*.

3. Zusammenhang herstellen
   - Erschließe das Zeitverhältnis zum umgebenden Satz: PPA = gleichzeitig; PPP = vorzeitig *(hier: victīs = PPP → vorzeitig)*.
   - Erschließe das logische Verhältnis zum umgebenden Satz *(hier: **Wann** zog sich Caesar zurück? → temporal)*.

4. Übersetzen
   - Wähle nun eine passende Übersetzung für den Abl. abs. und baue sie in den Satz ein. *(hier: Nachdem die Feinde besiegt worden waren, zog Caesar sich über den Rhein zurück.)*

Lektion 31

Der Ablativus absolutus (2)

In einigen Fällen nimmt das Substantiv im Ablativus absolutus nicht ein Partizip, sondern ein weiteres Substantiv oder ein Adjektiv zu sich (daher »**nominaler Ablativus absolutus**«). Dabei handelt es sich vor allem um:
- Bezeichnungen von handelnden Personen *(auctor, dux …)*
- Altersbezeichnungen *(puer …)*
- Tätigkeitsbezeichnungen *(rēx, cōnsul, imperātor …)*
- manche Adjektive *(salvus, incolumis, praesēns …)*

Diese Wendungen sind **gleichzeitig** zum übergeordneten Satz und können meist mit einem Präpositionalausdruck übersetzt werden:

Caesare auctōre	auf Veranlassung Caesars
mē puerō	in meiner Kindheit
Trāiānō duce	unter Führung Trajans
Cicerōne cōnsule	unter dem Konsulat Ciceros
patre praesente	in Anwesenheit des Vaters

Das Pronomen *ipse, ipsa, ipsum*

	Singular		
	m.	f.	n.
Nom.	ipse	ipsa	ipsum
Gen.	ipsíus	ipsíus	ipsíus
Dat.	ipsī	ipsī	ipsī
Akk.	ipsum	ipsam	ipsum
Abl.	ipsō	ipsā	ipsō

	Plural		
	m.	f.	n.
Nom.	ipsī	ipsae	ipsa
Gen.	ipsōrum	ipsārum	ipsōrum
Dat.	ipsīs	ipsīs	ipsīs
Akk.	ipsōs	ipsās	ipsa
Abl.	ipsīs	ipsīs	ipsīs

Das Lateinische benutzt *ipse, ipsa, ipsum* gern, um eine Person oder Sache besonders hervorzuheben oder sie von anderen Personen bzw. Sachen abzugrenzen:

Rēx ipse appropinquat.
Der König selbst (= höchstpersönlich, er und kein anderer) nähert sich.

Eine Übersetzung mit »*selbst*« passt im Deutschen oft nicht; vielmehr müssen dann Umschreibungen wie »*gerade, genau, persönlich, wirklich, sogar, ganz*« etc. gewählt werden.

In ipsō fine epistulae haec verba inveniēs.
Direkt am Schluss des Briefes findest du die folgenden Worte.

Lektion 32

Adverbien

Adjektive beschreiben ein Substantiv näher: Wie beschaffen ist es?
Das Mädchen ist schön. Das schöne Mädchen gefällt mir.

Adverbien beschreiben einen Vorgang: Wie geschieht es?
Das Mädchen singt (**wirklich**) **schön**.

Adverbien (vgl. ad verbum = *zum Verbum*) treten also zum Verb, aber auch zu Adjektiven und weiteren Adverbien hinzu.

Im Deutschen sehen Adjektive und Adverbien gleich aus. Andere Sprachen (z. B. Englisch, Latein) haben für das Adverb eigene Formen.

> Im Lateinischen werden Adverbien so gebildet:
> - Adjektive der a-/o-Deklination erhalten die Endung **-ē**,
> - Adjektive der 3. Deklination erhalten die Endung **-(it)er**.

Adjektive der a-/o-Deklination		Adjektive der 3. Deklination	
prob-us	→ prob-ē	ācer, ācr-is	→ ācr-iter
pulcher, pulchr-ī	→ pulchr-ē	sapiēns, sapient-is	→ sapient-er (statt sapient-iter)

Für Experten: Das Adverb von *bonus* ist *bĕnĕ*, das Adverb von *audax audacter*.
Übrigens: Du kennst schon viele Adverbien aus dem Wortschatz – du hast sie als »kleine Wörter« gelernt (z.B. *clam* »heimlich«, *saepe* »oft« etc.).

Genitiv und Ablativ der Beschaffenheit

Um die Beschaffenheit einer Sache oder die besondere Eigenschaft einer Person auszudrücken, gibt es im Lateinischen folgende Möglichkeiten:

1. Genitiv der Beschaffenheit (genitivus qualitatis)

puer quīnque annōrum	ein Junge von fünf Jahren = ein fünfjähriger Junge
dōnum magnī pretiī	ein Geschenk von hohem Wert = ein wertvolles Geschenk
hominēs eius modī	Menschen dieser Art = derartige Menschen

2. Ablativ der Beschaffenheit (ablativus qualitatis)

homō maximō corpore	ein Mensch von sehr großem Körperbau = ein Riese
vir magnā sapientiā	ein Mann von großer Weisheit = ein sehr weiser Mann

Die beiden Kasus können in dieser Funktion auch als Prädikatsnomen gebraucht werden:

summae pietātis esse	von höchster Frömmigkeit (= sehr fromm) sein
bonō animō esse	guten Mutes (= voller Hoffnung) sein

Lektion 33

Der Konjunktiv im Hauptsatz

Bislang ist dir der Konjunktiv fast nur im Nebensatz begegnet, wo er für die Übersetzung ins Deutsche meist keine Rolle spielt.

Doch auch im Hauptsatz wird der Konjunktiv im Lateinischen gerne gebraucht, um dem Satz eine bestimmte »Färbung« zu geben. Diese musst du in der Übersetzung dann auch ausdrücken.

Merke dir folgende Regel:

Konjunktiv im **NS** → keine besondere Übersetzung
Konjunktiv im **HS** → »Färbung« muss ausgedrückt werden

Was drückt der Konjunktiv im Hauptsatz aus?

Der Indikativ steht für eine »direkte« Aussage, d.h., der Sprecher sagt etwas, was für ihn eine Tatsache darstellt und deshalb keiner besonderen Aufmerksamkeit bedarf.

Der Konjunktiv hingegen weist darauf hin, dass eine Äußerung eben keine Tatsache ist: Der Sprecher markiert vielmehr, dass ein Ereignis noch nicht eingetreten ist, sondern nur eintreten könnte (Abschwächung, Annahme) oder soll (Wunsch, Aufforderung).

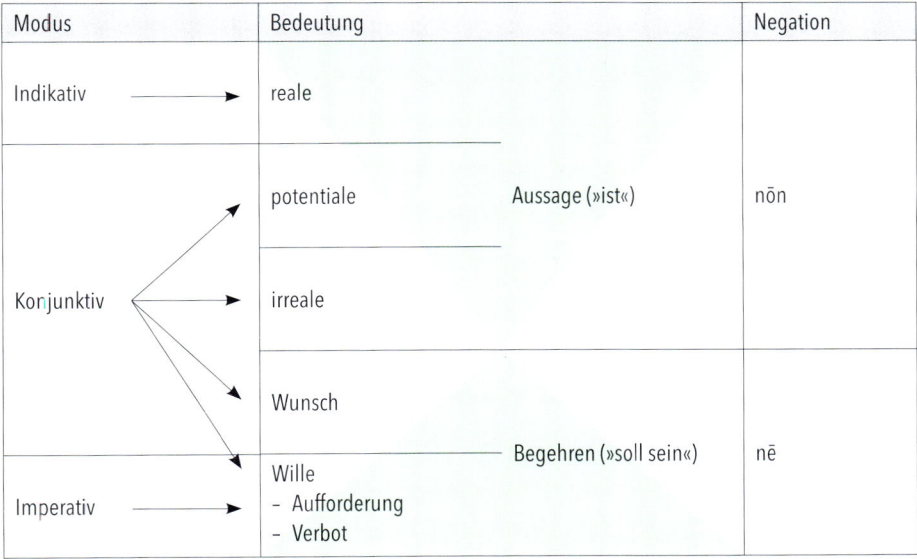

Merke:

real = wirklich
potential = möglich
irreal = unwirklich

Funktionen des Konjunktivs im Hauptsatz (Teil 1)

In dieser Lektion lernst du, wie das Lateinische den Konjunktiv im Hauptsatz einsetzt, um …
- eine Aussage zu etwas abzuschwächen, was nur »möglich« ist (Potentialis),
- eine Überlegung und einen Zweifel anzumelden (Deliberativ) oder
- eine Aufforderung zu markieren (Hortativ).

1. potentiale Aussage der Gegenwart (Potentialis)

In manchen Fällen möchte man eine Aussage abschwächen, z. B. da sie nur für möglich, aber nicht für sicher gehalten wird (»Wetterberichtsmodus«), oder aus Höflichkeitsgründen.

Für diesen Potentialis verwendet man im Lateinischen den Konjunktiv Präsens (oder den Konjunktiv Perfekt – ohne jeden Vergangenheitsbezug).

Im Deutschen wird der Potentialis durch die Modalverben »können, müssen, dürfen, wollen«, das Futur I oder durch Adverbien wie »wohl, vielleicht« übersetzt:

Quis hoc (nōn) *crēdat (crēdiderit)*?
Wer *wird/dürfte/kann* das *wohl* (nicht) glauben?

2. Deliberativ der Gegenwart

Wenn ein Sprecher überlegt, für welche Handlungsmöglichkeit er sich entscheiden soll, benutzt er den Konjunktiv in deliberativer Funktion (*dēlīberāre*: überlegen). Im Deutschen wird er mit dem Hilfsverb »sollen« übersetzt:

Quid *faciam*? Was *soll* ich tun?
Quid *faciāmus*? Was *sollen wir* tun?

Daran erkennst du den Deliberativ:
1. Der Konjunktiv Präsens steht in einer Frage.
2. Der Konjunktiv Präsens steht in der 1. Person (Singular oder Plural).

3. Der Konjunktiv als Aufforderung (1)

Der Konjunktiv Präsens kann auch eine Aufforderung ausdrücken. Wenn diese Aufforderung an eine Gruppe gerichtet ist, bei der sich der Sprecher einschließt, wird entsprechend auch die 1. Person Plural verwendet (Hortativ von *hortārī* = auffordern).

Im Deutschen wird der Hortativ mit »wir wollen« oder »lass(t) uns« übersetzt, je nachdem, wie viele Personen beteiligt sind:

Apertē *dīcāmus*, patrōne!
Wir wollen offen sprechen, Anwalt!/*Lass uns* offen *sprechen*, Anwalt!

(Nē) taceāmus, senātōrēs!
Wir wollen (nicht) schweigen, Senatoren!/*Lasst uns (nicht) schweigen*, Senatoren!

Die Formen des Indefinitpronomens *aliquī* und *aliquis*

1. adjektivischer Gebrauch: *aliquī* »irgendein«

Die Formen von *aliquī* »irgendein« sind dir bereits vom Relativpronomen *quī, quae, quod* bekannt; lediglich zwei Formen (Nom. Sg. f. und Nom./Akk. Pl. n.) weichen ab:

	Singular		
	m.	*f.*	*n.*
Nom.	aliquī	ali**qua**	aliquod
Gen.	alicuius	alicuius	alicuius
Dat.	alicui	alicui	alicui
Akk.	aliquem	aliquam	aliquod
Abl.	aliquō	aliquā	aliquō

	Plural		
	m.	*f.*	*n.*
Nom.	aliquī	aliquae	ali**qua**
Gen.	aliquōrum	aliquārum	aliquōrum
Dat.	aliquibus	aliquibus	aliquibus
Akk.	aliquōs	aliquās	ali**qua**
Abl.	aliquibus	aliquibus	aliquibus

2. substantivischer Gebrauch: *aliquis* »irgendjemand«

Wird das Pronomen substantivisch, d. h. allein und ohne ein Bezugswort gebraucht, heißt es »irgendjemand/irgendetwas«.

	m./f.	*n.*
Nom.	aliquis (irgendjemand)	aliquid (irgendetwas)
Gen.	alicuius	alicuius reī
	...	...

3. Besonderheiten

Nach Konjunktionen wie *sī, nisī, nē* oder *num* steht nur *quis*.

Sī **quis** dīcat tē crīmen commīsisse, errat.
*Wenn **wer/jemand** behaupten sollte, dass du ein Verbrechen begangen hast, so irrt er sich.*

Merksatz:

> Nach *si, nisi, ne* und *num* fällt das Wörtchen *ali* um.

Lektion 34

Funktionen des Konjunktivs im Hauptsatz (Teil 2)

In dieser Lektion lernst du weitere Konjunktivfunktionen kennen, die dir in der Übersicht auf S. 65 bereits begegnet sind:
- den Konjunktiv als Ausdruck eines Wunsches (Optativ),
- den Konjunktiv als weiteren Ausdruck für eine Aufforderung (hier: Jussiv) bzw. eines Verbots (Prohibitiv),
- den Konjunktiv als Modus für irreale Aussagen (bereits aus Lektion 21 bekannt).

1. Der Konjunktiv als Ausdruck eines Wunsches (Optativ)

Der Konjunktiv im Hauptsatz kann auch einen Wunsch ausdrücken (*optāre*: wünschen). Häufig wird der Wunsch noch durch *utinam (nē)* »hoffentlich (nicht)« verstärkt:

Utinam (nē) Cicerō mē dēfendat!   *Hoffentlich* verteidigt mich Cicero (nicht)!

Aber: Nicht alle Wünsche gehen in Erfüllung – manchmal hat man sich einfach etwas Unerfüllbares gewünscht.
Entsprechend unterscheidet man:
- erfüllbare und unerfüllbare Wünsche
- Wünsche der Gegenwart und der Vergangenheit

Je nach Kombination steht im Lateinischen ein anderer Konjunktiv:

	erfüllbar	nicht erfüllbar
Gegenwart	**Konjunktiv Präsens**	**Konjunktiv Imperfekt**
Vergangenheit	**Konjunktiv Perfekt**	**Konjunktiv Plusquamperfekt**

Im Deutschen verwendest du für erfüllbare Wünsche den Indikativ und »hoffentlich«; die unerfüllbaren Wünsche übersetzt du mit »würde/hätte« und mit »wenn … doch«:

erfüllbar:
(Utinam/velim) Cicerō mē **dēfendat!**   *Hoffentlich verteidigt mich Cicero!*
(Utinam/velim) Cicerō litterās meās **accēperit!**   *Hoffentlich hat Cicero meinen Brief erhalten!*

unerfüllbar:
Utinam/vellem Cicerō mē **dēfenderet!**   *Wenn mich doch Cicero verteidigen würde!*
Utinam/vellem me **dēfendisset!**   *Wenn mich doch Cicero verteidigt hätte!*

Du siehst also: Erfüllbare Wünsche werden oft durch *utinam (nē)* oder *velim/nolim* verstärkt. Unerfüllbare Wünsche werden mit *utinam (nē)* oder *vellem/nōllem* markiert.

2. Der Konjunktiv als Aufforderung/Verbot

a) Die Aufforderung an die 3. Person (der Jussiv)

Auch um anderen einen Befehl zu erteilen, kann (statt des Imperativs) der Konjunktiv Präsens gebraucht werden. Dieser Jussiv (vgl. *iubēre*) ist meist an die 3. Person gerichtet und wird mit *nē* verneint:

Cicerō cūram **adhibeat,** nē Sextus Roscius pūniātur!
*Cicero **soll dafür Sorge tragen,** dass Sextus Roscius nicht bestraft wird!*

b) Das Verbot (der Prohibitiv)

Das Lateinische verwendet den Konjunktiv auch für ein Verbot.
Der Prohibitiv (vgl. *prohibēre*) richtet sich immer an eine 2. Person und wird gebildet durch *nē* mit Konjunktiv Perfekt (ohne Vergangenheitsbezug).
Im Deutschen wird der Prohibitiv mit dem verneinten Imperativ übersetzt:

Nē Sextum Roscium **pūnīveritis,** senātōrēs!
Bestraft Sextus Roscius nicht, Senatoren!

Für Experten: Ein Verbot kann auch durch *nōlī/nōlīte* + Infinitiv des zu verneinenden Verbs ausgedrückt werden:
Nōlīte Sextum Roscium pūnīre, senātōrēs!

3. Wiederholung: Der Irrealis

Den Irrealis hast du schon in Lektion 21 in den Bedingungssätzen (si-Sätzen) kennengelernt. Er beschreibt Dinge, die unwirklich (ir-real) sind:

Irrealis der Gegenwart: Konjunktiv Imperfekt

Certē imperātōrem vidērēmus, sī in prīmō locō starēmus.
Sicherlich würden wir [jetzt] den Kaiser sehen, wenn wir in der ersten Reihe stehen würden.

Irrealis der Vergangenheit: Konjunktiv Plusquamperfekt

Sī magis properāvissēs, nōn tam sērō vēnissēmus.
Wenn du dich [vorhin] mehr beeilt hättest, wären wir nicht so spät gekommen.

Lektion 35

nd-Formen

In vielen Sprachen gibt es die Möglichkeit, Verben zu Substantiven zu machen, also zu substantivieren:

Es macht Spaß (Bücher) zu lesen.
(Das) Lesen (von Büchern) macht Spaß.

Im ersten Satz ist »zu lesen« ein Infinitiv. Im zweiten Satz ist »Lesen« zu einem Substantiv geworden; du erkennst es an seinem Artikel: *das* Lesen.

In dieser Lektion lernst du, wie auch im Lateinischen aus Verben andere Wortarten, nämlich Substantive und Adjektive gebildet werden.

1. Das Gerundium (auch: Gerund)

Der substantivierte Infinitiv heißt im Lateinischen Gerundium. Es wird gebildet, indem an den Verbalstamm *-(e)nd-* sowie die Kasusendungen der o-Deklination angehängt werden.

Als Substantiv kann das Gerundium dekliniert werden, wird aber – wie im Deutschen – nur im Singular gebraucht; der Dativ ist sehr selten.

	a-Konjugation		kons. Konjugation
Nom.	clāmā-re	das Rufen	leg-ere
Gen.	clāma-**nd**-ī	des Rufens	leg-**end**-ī
Dat.	(clāma-**nd**-ō)		(leg-**end**-ō)
Akk.	ad clāma-**nd**-um	zum Rufen	ad leg-**end**-um
Abl.	clāma-**nd**-ō	durch das Rufen	leg-**end**-ō

Legere placet.   (Das) Lesen macht Spaß.
Artem legendī discimus.   Wir lernen die Kunst des Lesens.
Ad legendum convenimus.   Wir kommen zum Lesen zusammen.
Legendō discimus.   Durch (das) Lesen lernen wir.

Daneben hat das Gerundium auch Eigenschaften eines Verbs behalten: Es kann daher durch Adverbien und durch Objekte erweitert werden; diese Objekte stehen im selben Kasus, den auch das jeweilige Verbum regiert.

Bei solchen Erweiterungen musst du beim Übersetzen etwas umformulieren:

ars nāvem (bene) faciendī   (die Kunst des guten Bauens eines Schiffs)
                            = die Kunst, ein Schiff gut zu bauen

2. Das Gerundivum (auch Gerundiv)

Im Lateinischen lassen sich aus Verben auch Adjektive bilden (»Verbaladjektive«):

lauda-nd-us, a, um

Das Gerundivum passt sich wie jedes Adjektiv in KNG an sein Bezugswort an (»attributives Gerundiv«). Deshalb gibt es im Unterschied zum Gerundium alle Kasus, Numeri und Genera; und wie ein reguläres Adjektiv kann das Gerundiv auch durch weitere Adverbien ergänzt werden:

ars nāvis (bene) faciendae   die Kunst des (guten) Schiffsbaus
                                   = die Kunst, ein Schiff (gut) zu bauen

3. Übersetzung von Gerundium und Gerundivum

In einer Reihe von Fällen sind Gerundium und Gerundivum untereinander austauschbar; entsprechend können beide Konstruktionen im Deutschen gleich übersetzt werden.

Merke dir folgende Regel:

Am (E)**nd** geht es fast immerzu mit »**zu**«;	(Beispiel a-c)
beim Ablativ kommt man mit »**durch**« durch;	(Beispiel d)
steht *in* dabei, nimm »**bei**«!	(Beispiel e)

a) nd-Form im Genitiv: **zu**

ars nāvem faciendī
ars nāvis faciendae   die Kunst, ein Schiff zu bauen

b) nd-Form im Genitiv mit causa: **um zu**

pellis referendae causā   um das Fell zurückzuholen

c) ad + nd-Form im Akkusativ: **um zu**

ad pellem referendam   um das Vlies zurückzuholen

d) nd-Form im Ablativ (ohne Präposition): **durch** bzw. **mit Adverbialsatz**

nāvem faciendō   durch den Bau eines Schiffs,
nāve faciendā   bzw.: dadurch, dass/indem (er) ein Schiff baut

e) in + nd-Form im Ablativ: **bei**

in nāvibus faciendīs   beim Bau von Schiffen

Lektion 36

Die Steigerung (Komparation)

Viele Adjektive und Adverbien können gesteigert werden. Es gibt drei Steigerungsstufen: den Positiv, den Komparativ und den Superlativ:

glücklich – glücklicher – glücklichster
fēlīx – fēlīcior – fēlīcissimus

1. Der Komparativ von Adjektiven

Den Komparativ erkennst du an den Suffixen **-ior** *(m./f.)* und **-ius** *(n.)*.
Komparative erhalten die Kasusendungen der 3. Deklination:

Singular	m.	f.	n.
Nom.	saev-**ior**		saev-**ius**
Gen.	saev-iōr-is		
Dat.	saev-iōr-ī		
Akk.	saev-iōr-em		saev-ius
Abl.	saev-iōr-e		

Plural	m.	f.	n.
Nom.	saev-**iōr**-ēs		saev-**iōr**-a
Gen.	saev-iōr-um		
Dat.	saev-iōr-ibus		
Akk.	saev-iōr-ēs		saev-iōr-a
Abl.	saev-iōr-ibus		

2. Der Superlativ von Adjektiven

Den Superlativ erkennst du am Suffix **-issim**-us.
Superlative erhalten die Kasusendungen der a-/o-Deklination:

saevissimus, a, um – der, die, das grausamste

Bei der Bildung gibt es zwei Besonderheiten:
- Adjektive auf **-er:** Superlativ auf **-rim-us,** z. B.: *pulcherrimus*
- Adjektive auf **-lis:** Superlativ auf **-lim-us,** z. B.: *difficillimus*

3. Die Steigerung von Adverbien

Den Komparativ und den Superlativ von Adverbien erhältst du über die entsprechenden Steigerungsformen der jeweiligen Adjektive:
- Der Komparativ des Adverbs endet auf **-ius** (= Neutrum Sg. des gesteigerten Adjektivs)
- Der Superlativ endet auf **-issim-ē.**

Positiv	Komparativ	Superlativ
saev-ē	saev-**ius**	saev-**issim**-ē
fēlīc-iter	fēlīc-ius	fēlīc-issim-ē
pulchr-ē	pulchr-ius	pulcher-rim-ē
simil-iter	simil-ius	simil-lim-ē
diū	diūt-ius	diūt-issim-ē

4. Unregelmäßige Steigerungsformen

Bei oft verwendeten Adjektiven und Adverbien gibt es in vielen Sprachen Sonderformen (vgl. dt. *viel, mehr, am meisten* bzw. engl. *much, more, most*). Einige kennst du schon aus dem Wortschatz:

Positiv		Komparativ	Superlativ
bonus/bene	(gut)	melior, melius/melius	optimus, a, um/optime
malus/male	(schlecht)	peior, peius/peius	pessimus, a, um/pessime
magnus	(groß)	māior, maius	maximus, a, um
(parvus)	(klein)	minor, minus	minimus, a, um
multī/multum	(viele/viel)	plūrēs, plūra/plūs	plūrimī, ae, a/plūrimum
(valdē)	(sehr)	magis	maximē
(paulum)	(wenig)	minus	minimē

Zusammenfassung: So erkennst du Steigerungsformen:		
	Adjektive	Adverbien
Komparativ:	**-ior, -ius**	**-ius**
Superlativ:	**-issimus** (-rimus, -limus)	**-issimē** (-rimē, -limē)

Verwendung der Steigerungsformen

Die Steigerungsformen sind vor allem für Vergleiche wichtig:

Nēmō innocentior est **quam** Iāsōn.
Nēmō innocentior est **Iāsone.** Niemand ist unschuldiger **als** Iason.

Das Vergleichsglied kann also angeschlossen werden:
- durch **quam**
- oder durch den **Ablativ des Vergleichs** (ablativus comparationis).

Besonderheiten

Manchmal drücken Steigerungsformen gar keinen Vergleich aus:

Wuppertal ist eine größere Stadt in Nordrhein-Westfalen.
Der Betrieb benutzt modernste Maschinen!

Im Lateinischen ist dieser Gebrauch häufiger als im Deutschen. Deshalb musst du deine Übersetzung anpassen, je nachdem, ob die Steigerungsform eher eine Hervorhebung (+) oder eine Abschwächung (-) markiert:

Argō nāvis **celerius** cucurrit.   Das Schiff Argo fuhr **(all)zu** (+)/**ziemlich** (-) schnell.
Mēdēa mulier **pulcherrima** est.   Medea ist eine **sehr/ganz/äußerst** (-) schöne Frau.

Für Experten: Die abgeschwächte Übersetzung eines Superlativs wird Elativ genannt.

Lektion 37

nd-Formen (2): Das Gerundiv mit *esse*

In Lektion 35 hast du mit dem Gerundium auch das Verbaladjektiv, das Gerundiv, kennengelernt. In der dort gezeigten Konstruktion waren beide Formen weitgehend austauschbar.

Wird das **Gerundiv jedoch im Nominativ,** als Prädikatsnomen mit *esse* gebraucht, nimmt es eine andere Bedeutung an, die in ähnlicher Form im deutschen Wort »Auszubildender« zu finden ist:

Uwe ist ein Auszubildender. = Uwe ist auszubilden. = Uwe muss ausgebildet werden.

Auch das lateinische Gerundiv hat in Verbindung mit *esse*
- eine passive Bedeutung (vgl. »er muss ausgebildet werden«) und
- bezeichnet eine Handlung, die ausgeführt werden muss.

Nāvis **compōnenda est.** *Ein Schiff **muss gebaut werden.**/**Man muss** ein Schiff bauen.*
Arma adhibenda **nōn** sunt. *Waffen **dürfen nicht** angewendet werden.*

Das Gerundiv mit *esse* kann auch unpersönlich im Neutrum Singular konstruiert werden; dann gibt es im Satz kein Bezugswort. Im Deutschen wird diese Konstruktion oft mit »man« übersetzt.

Discendum est. *Es muss gelernt werden. = Man muss lernen.*

> **Merke dir: Gerundiv im Nominativ +** *esse* **= müssen**
> (bzw. bei Verneinung: nicht dürfen)

Für Experten: Natürlich liegt diese Konstruktion auch dann vor, wenn das Gerundiv mit *esse* in einen AcI tritt und damit im Akkusativ steht.

Nero nāvem compōnendam (esse) putāvit. *Nero glaubte, dass ein Schiff gebaut werden muss.*

Dativ beim Gerundiv mit *esse*

Beim Gerundiv mit *esse* steht der Veranlasser im Dativ des Urhebers **(dativus auctoris):**

Nāvis **nōbīs** compōnenda est. *Ein Schiff muss **von uns** gebaut werden.*
  *= **Wir** müssen ein Schiff zusammenbauen.*

Für Experten: Steht das Verbum bereits mit dem Dativ, musst du manchmal aus dem Sinn erschließen, ob es sich bei dem Dativ um das Dativobjekt oder den dativus auctoris handelt:

Imperātōrī pārendum est. *Man muss dem Kaiser gehorchen. (Dativobjekt)*
Cīvibus pārendum est. *Die Bürger müssen gehorchen. (dativus auctoris)*

Lektion 38

Deponentien

Manche lateinische Verben haben zwar passive Formen (→ S. 91), müssen aber aktiv übersetzt werden:

loquī	sprechen
loquitur	er spricht
locūtus est	er hat gesprochen

Du erkennst diese Wörter im Wortschatz am Infinitiv Passiv.

Besonderheiten

1. Das Partizip Perfekt der Deponentien muss natürlich auch aktiv übersetzt werden:

   Uxōrem **complexus**   *Nachdem er* seine Frau **umarmt hatte,**
   Seneca cum familiāribus locūtus est.   *unterhielt sich Seneca noch mit seinen Freunden.*

2. Der Imperativ lautet: **hortāre** »ermahne!« – **hortāminī** »ermahnt!«

fieri »werden/gemacht werden«

Im Präsensstamm hat nur der Infinitiv Präsens eine passive Endung; alle anderen Formen entsprechen weitgehend den Formen der i-Konjugation.

	Ind. Präs.	Konj. Präs.		Ind. Imperf.	Konj. Imperf.		Futur I
1. Pers. Sg.	fīō	fīam		fīēbam	fierem		fīam
2. Pers. Sg.	fīs	fīās		fīēbās	fierēs		fīēs
3. Pers. Sg.	fit	fīat		fīēbat	fieret		fīet
1. Pers. Pl.	fīmus	fīāmus		fīēbāmus	fierēmus		fīēmus
2. Pers. Pl.	fītis	fīātis		fīēbātis	fierētis		fīētis
3. Pers. Pl.	fīunt	fīant		fīēbant	fierent		fient

Im Perfektstamm sind die Formen identisch mit dem Passiv von *facere*:

	Ind. Perf.	Konj. Perf.		Ind. Plqf.	Konj. Plqpf.
1. Pers. Sg.	factus sum	factus sim		factus eram	factus essem
2. Pers. Sg.	…	…		…	…

Befehl zum Selbstmord

Lektion 39

Das Futur II

1. Formen des Futur II

Die Formen des Futur II sind leicht zu erkennen. Als Bilderegel kannst du dir merken: Perfektstamm + Futur von *esse* (bis auf die 3. Pers. Pl. *-erint*).

	clāmāre	
1. Pers. Sg.	clāmāv-**erō**	*(ich werde gerufen haben)*
2. Pers. Sg.	clāmāv-**eris**	
3. Pers. Sg.	clāmāv-**erit**	
1. Pers. Pl.	clāmāv-**érimus**	
2. Pers. Pl.	clāmāv-**éritis**	
3. Pers. Pl.	clāmāv-**erint**	

	esse
1. Pers. Sg.	fu-**erō**
2. Pers. Sg.	fu-**eris**
3. Pers. Sg.	fu-**erit**
1. Pers. Pl.	fu-**érimus**
2. Pers. Pl.	fu-**éritis**
3. Pers. Pl.	fu-**erint**

Vorsicht: Die dritte Person Plural unterscheidet sich nur durch den letzten Vokal von anderen Endungen im Perfektstamm (Ind. Perf.: clāmāvērunt; Ind. Plqpf.: clāmāverant). Die Endungen fallen mit dem Konjunktiv Perfekt zusammen (Ausnahme: 1. Pers. Sg.).

2. Verwendung und Übersetzung des Futur II

Philolachēs clāmat:	Sī pater mē hīc **offenderit**,	certē īrāscētur.
Philolaches ruft:	*Wenn mein Vater mich hier trifft,*	*wird er sicher zornig sein.*

Gegenwart — Futur II — Futur I

Das Lateinische ist bei der Verwendung der Zeiten sehr genau: Für zukünftige Ereignisse verwendet es das Futur, und für Ereignisse, die davor bereits eingetreten sein müssen, das Futur II.

Im Deutschen ist eine wörtliche Übersetzung des Futur II (»ich werde gerufen haben«) sehr umständlich. Deswegen genügt meist ein einfaches Perfekt oder Präsens.

Lektion 40

velle, nōlle, mālle

Die Verben *velle* »wollen«, *nōlle* »nicht wollen« und *mālle* »lieber wollen« haben nur im Indikativ Präsens unregelmäßige Formen; in den anderen Tempora sind sie regelmäßig.

	Präsens (Indikativ)			Präsens (Konjunktiv)		
1. Pers. Sg.	**volō**	**nōlō**	**mālō**	**vel-im**	**nōl-im**	**māl-im**
2. Pers. Sg.	vīs	nōn vīs	māvīs	…	…	…
3. Pers. Sg.	vult	nōn vult	māvult	…	…	…
1. Pers. Pl.	volumus	nōlumus	mālumus	…	…	…
2. Pers. Pl.	vultis	nōn vultis	māvultis	…	…	…
3. Pers. Pl.	volunt	nōlunt	mālunt	…	…	…

	Imperfekt (Indikativ)			Imperfekt (Konjunktiv)		
1. Pers. Sg.	**volēbam**	nōlēbam	mālēbam	**vellem**	nōllem	māllem
2. Pers. Sg.	…	…	…	…	…	…

	Futur I (Indikativ)		
1. Pers. Sg.	**volam**	nōlam	mālam
2. Pers. Sg.	volēs	nōlēs	mālēs
3. Pers. Sg	…	…	…

	Perfekt (Indikativ)			Perfekt (Konjunktiv)		
1. Pers. Sg.	**voluī**	nōluī	māluī	**volu-erim**	nōlu-erim	mālu-erim
2. Pers. Sg.	…	…	…	…	…	…

	Plusquamperfekt (Indikativ)			Plusquamperfekt (Konjunktiv)		
1. Pers. Sg.	**volu-eram**	nōlu-eram	mālu-eram	**volu-issem**	nōlu-issem	mālu-issem
2. Pers. Sg.	…	…	…	…	…	…

	Futur II (Indikativ)		
1. Pers. Sg.	**volu-erō**	nōlu-erō	mālu-erō
2. Pers. Sg.	…	…	…

	Imperativ		
2. Pers. Sg.		nōlī	
2. Pers. Pl.		nōlīte	

Lektion 41

Zahlen: Grund- und Ordnungszahlen

Wie im Deutschen gibt es auch im Lateinischen verschiedene Arten von Zahlen, darunter …
- die Kardinalzahlen (Grundzahlen: »eins, zwei, drei, …«) und
- die Ordinalzahlen (Ordnungszahlen: »der erste, zweite, dritte, …«).

1. Die Bildung der Grundzahlen

Für normale Mengenangaben und Rechenoperationen werden die Grundzahlen benötigt:

1	I	ūnus, -a, -um
2	II	duo, -ae, -o
3	III	trēs, tria
4	IV / IIII	quattuor
5	V	quīnque
6	VI	sex
7	VII	septem
8	VIII	octō
9	IX	novem
10	X	decem

11	XI	ūndecim
12	XII	duodecim
13	XIII	trēdecim
14	XIV	quattuordecim
15	XV	quīndecim
16	XVI	sēdecim
17	XVII	septendecim
18	XVIII	duodēvīgintī
19	XIX	ūndēvīgintī
20	XX	vīgintī

Die Zahlen ab 21 werden gebildet, indem …
- die Einer mit *et* vor die Zehner gestellt werden: *ūnus et vīgintī* (vgl. im Dt.: einundzwanzig)
- oder die Zehner ohne *et* vor den Einern stehen: *vīgintī ūnus* (vgl. im Engl.: twenty-one)

30	XXX	trīgintā
40	XL	quadrāgintā
50	L	quīnquāgintā
60	LX	sexāgintā
70	LXX	septuāgintā
80	LXXX	octōgintā
90	XC	nōnāgintā

100	C	centum
200	CC	ducentī, -ae, -a
500	D	quīngentī, -ae, -a
900	CM	nōngentī, -ae, -a
1000	M	mīlle
2000	MM	duo mīlia, duōrum mīlium

Besonderheiten

1. Zahlen mit einer 8 bzw. 9 in der Einerstelle (18, 19, 28, 29 etc.)
Diese Zahlen werden gewöhnlich gebildet, indem man 2 (bzw. 1) von der nächsthöheren Zehnerstelle abzieht:

38 XXXVIII *duo-dē-quadrāgintā* (2 von 40)
49 IL *ūn-dē-quīnquāgintā* (1 von 50)

2. Deklinierte Zahlwörter

Die meisten Grundzahlen sind unveränderlich und werden nicht dekliniert. Eine Ausnahme sind nur die Zahlen 1 bis 3 (vgl. Tabelle), die Hunderter ab 200 und die Tausender ab 2000. *Mīlia* wird dabei wie ein Neutrum der 3. Deklination behandelt (*mīlia, mīlium* usw.).
Die Zahlen 1–3 haben besondere Formen:

	m.	f.	n.
Nom.	ūnus	ūna	ūnum
Gen.	ūnīus	ūnīus	ūnīus
Dat.	ūnī	ūnī	ūnī
Akk.	ūnum	ūnam	ūnum
Abl.	ūnō	ūnā	ūnō

	m.	f.	n.
Nom.	duo	duae	duo
Gen.	duōrum	duārum	duōrum
Dat.	duōbus	duābus	duōbus
Akk.	duō(s)	duās	duo
Abl.	duōbus	duābus	duōbus

	m./f.	n.
Nom.	trēs	tria
Gen.	trium	trium
Dat.	tribus	tribus
Akk.	trēs	tria
Abl.	tribus	tribus

2. Die Ordnungszahlen

Alle Ordinalzahlen werden wie Adjektive der a-/o-Deklination dekliniert.

1	ūnus	prīmus, a, um *(der erste)*
2	duo	secundus, a, um
3	trēs	tertius, a, um
4	quattuor	quārtus, a, um
5	quīnque	quīntus, a, um
6	sex	sextus, a, um
7	septem	septimus, a, um
8	octō	octāvus, a, um
9	novem	nōnus, a, um
10	decem	decimus, a, um

11	ūndecim	ūndecimus, a, um
12	duodecim	duodecimus, a, um
13	trēdecim	tertius decimus, a, um
14	quattuordecim	quārtus decimus, a, um
15	quīndecim	quīntus decimus, a, um
16	sēdecim	sextus decimus, a, um
17	septendecim	septimus decimus, a, um
18	duodēvīgintī	duodēvīcēsimus, a, um
19	ūndēvīgintī	ūndēvīcēsimus, a, um
20	vīgintī	vīcēsimus, a, um

Die Ordinalzahlen ab 21 werden gebildet, indem die Zehnerzahl ohne *et* vor der Einerzahl steht: *vīcēsimus prīmus*.

30	trīgintā	trīcēsimus, a, um
40	quadrāgintā	quadrāgēsimus, a, um
50	quīnquāgintā	quīnquāgēsimus, a, um
60	sexāgintā	sexāgēsimus, a, um
70	septuāgintā	septuāgēsimus, a, um
80	octōgintā	octōgēsimus, a, um
90	nōnāgintā	nōnāgēsimus, a, um

100	centum	centēsimus, a, um
200	ducentī, -ae, -a	ducentēsimus, a, um
500	quīngentī, -ae, -a	quīngentēsimus, a, um
900	nōngentī, -ae, -a	nōngentēsimus, a, um
1000	mīlle	mīllēsimus, a, um
2000	duo mīlia, mīlium	**bis** mīllēsimus, a, um

Besonderheiten

Im Lateinischen werden anders als im Deutschen die Ordnungszahlen auch für die Angabe von Jahreszahlen und von Uhrzeiten benutzt:

hōrā sextā = zur sechsten Stunde = um 12 Uhr
annō quadringentēsimō septuāgēsimō secundō = im Jahr 472

Der Schwindel fliegt auf

Lektion 42

Das Partizip Futur Aktiv (PFA)

Bislang kennst du zwei Partizipien:
- das Partizip Perfekt Passiv (PPP): vocātus – gerufen,
- das Partizip Präsens Aktiv (PPA): vocāns – rufend.

Daneben gibt es im Lateinischen aber noch ein drittes Partizip, das Partizip Futur Aktiv (PFA). Es wird gebildet, indem das PPP um die Silbe **-ūr-** erweitert wird. Dekliniert wird das PFA wie ein Adjektiv der a-/o-Deklination:

Infinitiv	PPP	PFA	
rogāre	rogā-t-us, a, um	rogā-t-**ūr**-us, a, um	einer, der fragen wird/will
vidēre	vīsus, a, um	vīsūrus, a, um	einer, der sehen wird/will
īre	ītus, a, um	itūrus, a, um	einer, der gehen will
esse	–	futūrus, a, um	einer, der sein wird/will
loquī	locūtus (Depon.)	locūtūrus, a, um	einer, der sprechen wird/will

Nachzeitigkeit im Partizipialausdruck

Alle Partizipien sind zwar nach Tempora benannt (Perfekt, Präsens bzw. Futur), bezeichnen aber nur ein Zeitverhältnis zum restlichen Satz:
- Das **Partizip Perfekt** Passiv bezeichnet die **Vorzeitigkeit**.
- Das **Partizip Präsens** Aktiv bezeichnet die **Gleichzeitigkeit**.
- Das **Partizip Futur** Aktiv bezeichnet die **Nachzeitigkeit**.

Beispielsätze:

vorzeitig: [Ā frātribus interrogātus] Marīnus scelus fassus est.
Nachdem er von den Brüdern befragt worden war, bekannte Marinus das Verbrechen.

gleichzeitig: [Falsum prō vērō simulāns] Marīnus veniam precātus est.
Indem er eine Lüge für die Wahrheit ausgab, bat Marinus um Vergebung.

nachzeitig: Monacī [corpus Marīnī conditūrī] errōrem suum vīdērunt.
Als die Mönche die Leiche des Marinus bestatten wollten, bemerkten sie ihren Irrtum.

Das PFA drückt aus, dass man etwas tun *wird* bzw. *will*. Es bezeichnet also eine Absicht und kann daher oft mit einem Finalsatz (»damit« bzw. »um … zu«) übersetzt werden.

Lektion 43

Der Infinitiv Futur Aktiv

Du kennst bisher die Infinitive Präsens Aktiv und Passiv sowie die Infinitive Perfekt Aktiv und Passiv. Neu kommt nun der Infinitiv Futur Aktiv hinzu. Er wird gebildet mit dem PFA und *esse:*

rogātūrus esse

Damit kennst du folgende Infinitive:

Infinitiv Präsens		Infinitiv Perfekt		Infinitiv Futur
Aktiv	Passiv	Aktiv	Passiv	Aktiv
rogā-re	rogā-rī	rogā-v-isse	rogātus, a, um esse	rogātūrus, a, um esse
vidē-re	vidē-rī	vīd-isse	vīsus, a, um esse	vīsūrus, a, um esse

Nachzeitigkeit im AcI

Der Infinitiv Futur im AcI drückt aus, dass eine Handlung im Verhältnis zum übergeordneten Satz erst noch geschehen wird. Er bezeichnet also – wie die anderen Infinitive und Partizipien – kein bestimmtes Tempus, sondern ein Zeitverhältnis:

- Der **Infinitiv Perfekt** bezeichnet die **Vorzeitigkeit.**
- Der **Infinitiv Präsens** bezeichnet die **Gleichzeitigkeit.**
- Der **Infinitiv Futur** bezeichnet die **Nachzeitigkeit.**

Beispielsätze:

vorzeitig: Iuliānus dīcit sē tandem vēnisse.
Julianus sagt, dass er endlich gekommen ist (sei).

gleichzeitig: Iuliānus dīcit iam tempus esse, ut prōgrediantur.
Julianus sagt, dass es nun Zeit ist (sei) aufzubrechen.

nachzeitig: Iuliānus dīcit sē cum animā Thurkillī abitūrum esse.
Julianus sagt, dass er mit der Seele des Thurkillus weggehen wird (werde).

Lektion 44

Der Nominativus cum infinitivo (NcI)

Nach Verben des Sagens und Meinens steht im Lateinischen der AcI.

Bei manchen dieser Verben ändert sich die Konstruktion, wenn sie ins Passiv gesetzt werden: Anstelle eines AcI wird dann ein *Nominativus cum infinitivo* (NcI) gebraucht.

	(Akkusativ)		(Infinitiv)	
Hominēs trādunt	Iovem	dē caelō	dēscendisse.	
	Iuppiter	dē caelō	**dēscendisse**	**trāditur.**
	(Nominativ)		(Infinitiv)	

Übersetzung des NcI

Diese Konstruktion lässt sich im Deutschen meistens nicht direkt nachahmen. Du hast u. a. folgende Möglichkeiten:

1. **Es** wird überliefert, **dass** Jupiter vom Himmel herabgestiegen ist. (unpersönlich mit »dass«-Satz)
2. Jupiter **soll** vom Himmel herabgestiegen sein. (sollen/scheinen)
3. Jupiter ist – **wie man überliefert** – vom Himmel herabgestiegen. (Einschub)
4. Jupiter ist **angeblich/der Überlieferung nach** vom Himmel herabgestiegen. (Adverb oder Präpositionalausdruck)

Für Experten: Das Lateinische konstruiert persönlich: *Iuppiter* ist das Subjekt sowohl von *trāditur* als auch der Infinitivkonstruktion. Anders als im Deutschen lässt sich diese Konstruktion im Englischen nachahmen:
Jupiter is said to have come down from heaven.

Auslöser

Typische Verben, nach denen der NcI steht, sind:
- videor (»ich scheine«)
- iubēris (»du wirst beauftragt/man befiehlt dir«)
- prohibētur (»er wird daran gehindert/darf nicht«)
- dīcimur (»man sagt von uns«)
- negāminī (»man leugnet, dass ihr«)
- putantur/exīstimantur (»man glaubt von ihnen, dass sie«)
- audiuntur (»man hört von ihnen, dass sie«)
- trāditur, fertur/trāduntur, feruntur (»es wird überliefert, dass er/sie«)

Lektion 45

Die indirekte Rede

Oft wird eine direkte Rede von einer anderen Person wiedergegeben.

Wie du oben siehst, muss diese »indirekte Rede« in einigen Punkten an den neuen Sprecher und seinen Standpunkt angepasst werden (z. B. wird aus der 1. Person »ich« dann die 3. Person »er«). Dabei sind in jeder Sprache eigene Regeln zu beachten.

Die indirekte Rede im Lateinischen (oratio obliqua)

Im Prinzip kennst du die indirekte Rede im Lateinischen schon seit deinem ersten Jahr Lateinunterricht – nämlich vom AcI.

Nicērōs: »Egō rem mīram vīdī.«
Nicērōs nārrāvit [sē rem mīram vīdisse].
Nikeros erzählte, dass er etwas Sonderbares gesehen hat/habe.

Die indirekte Rede wird also wie im Deutschen oft von einem Verb des Sagens eingeleitet (z. B. *dīxit, nārrāvit*). Es muss aber bei längeren Passagen nicht in jedem Satz wiederholt werden.

Es gelten für die indirekte Rede folgende Regeln:
- Alle indikativischen Hauptsätze erscheinen im AcI; ebenso auch rhetorische Fragen, die ja keine echte Antwort erwarten.
- Alle Nebensätze erscheinen im Konjunktiv.
- Ebenfalls im Konjunktiv erscheinen Hauptsätze, die ein Begehren (z. B. Befehl, Rat, Wunsch) oder eine Frage enthalten.

Natürlich gelten die Regeln zum Zeitverhältnis weiterhin:

Zeitverhältnis im AcI:
Infinitiv Perfekt   vorzeitig
Infinitiv Präsens   gleichzeitig
(Infinitiv Futur)   (nachzeitig)

Zeitverhältnis für konjunktivische Sätze:
Konjunktiv Präsens/Imperfekt   gleichzeitig
Konjunktiv Perfekt/Plusquamperfekt   vorzeitig

Beispielsätze

direkte Rede	indirekte Rede
Nicēros amīcae dīxit:	Nicēros amīcae dīxit:
»Subitō comes vestēs ad viam posuit.	Subitō comitem vestēs ad viam posuisse.
Rēs etiam nunc mē terret.	Rem etiam nunc sē terrēre.
Sī fābulam nōn crēdis, venī et ipsa spectā!	Sī fābulam nōn crēderet, venīret et ipsa spectāret.
Timeō, nē etiam tū horrōre capiāris.«	Sē timēre, nē etiam illa horrōre caperētur.

direkte Rede	indirekte Rede
Nikeros sagte zu seiner Freundin:	Nikeros sagte zu seiner Freundin:
»Plötzlich legte mein Begleiter seine Kleidung am Wegesrand nieder.	Sein Begleiter habe plötzlich seine Kleidung am Wegesrand niedergelegt.
Die Erinnerung daran erschreckt mich auch jetzt noch.	Die Erinnerung daran erschrecke ihn auch jetzt noch.
Wenn du die Geschichte nicht glaubst, komm und schau selbst!«	Wenn sie die Geschichte nicht glaube, solle sie kommen und selbst schauen!
Ich fürchte, dass auch du von Angst ergriffen wirst.«	Er fürchte, dass auch sie von Angst ergriffen werde.

Erkläre anhand der Beispielsätze, worauf du beim Übersetzen der indirekten Rede achten musst:
1. Wie übersetzt du den Infinitiv Präsens?
2. Wie übersetzt du den Infinitiv Perfekt?
3. Woran erkennst du Aufforderungen und wie übersetzt du sie?
4. Welche Pronomina findest du, und auf welche Personen beziehen sie sich jeweils?

Die indirekte Rede im Deutschen

Bei indirekten Reden wird im Deutschen in der Hochsprache der Konjunktiv gebraucht, vor allem in öffentlichen Berichten, Nachrichten, Reden und in der Literatur. Im privaten Bereich hingegen wird oft auf ihn verzichtet.

Im Deutschen gibt es den **Konjunktiv I** und den **Konjunktiv II.**

Der Konjunktiv I wird vom Präsens abgeleitet, der Konjunktiv II vom Präteritum. Die Vergangenheitsform wird dann mit der entsprechenden Form von »sein/haben« und dem Partizip II gebildet.

		Präsens	Vergangenheit
Konjunktiv I:	(er geht →)	er gehe	er sei gegangen
	(er findet →)	er finde	er habe gefunden
Konjunktiv II:	(er ging →)	er ginge	er wäre gegangen
	(er fand →)	er fände	er hätte gefunden

Folgende Regeln gelten für die indirekte Rede im Deutschen:
1. Für die indirekte Rede benutzt du **normalerweise den Konjunktiv I.**

> Gegenwart in der direkte Rede → Konjunktiv I im Präsens
> Vergangenheit in der direkten Rede → Konjunktiv I in der Vergangenheit

»Rēs etiam nunc mē terret.«
→ *»Das Ereignis erschreckt mich auch jetzt noch.«*

Rem sē etiam nunc terrēre.
→ *Das Ereignis erschrecke ihn auch jetzt noch.*

»Cum adhuc servīrem, rēs mīra accidit.«
→ *»Als ich noch ein Sklave war, geschah etwas Sonderbares.«*

Cum adhuc servīret, rem mīram accidisse.
→ *Als er noch ein Sklave gewesen sei, sei etwas Sonderbares geschehen.*

2. Wenn die Form des Konjunktiv I vom Indikativ nicht zu unterscheiden ist, nimmst du als Ersatz den Konjunktiv II oder (falls auch der wieder mit dem Indikativ zusammenfällt) eine Form mit »würden«.

Er habe die Geschichte seinen Freunden erzählt.
Doch sie (haben ihm nicht geglaubt →) hätten ihm nicht geglaubt.
Doch sie (glauben ihm nicht → glaubten ihm nicht →) würden ihm nicht glauben.

Gruselige Unterhaltung

Übersicht Formentabellen

Substantive

1. oder a-Deklination	Sg.	Pl.
Nom.	fili-a	fili-ae
Gen.	fili-ae	fili-ārum
Dat.	fili-ae	fili-īs
Akk.	fili-am	fili-ās
Abl.	fili-ā	fili-īs

2. oder o-Deklination (m.)	Sg.	Pl.
Nom.	fili-us	fili-ī
Gen.	fili-ī	fili-ōrum
Dat.	fili-ō	fili-īs
Akk.	fili-um	fili-ōs
Abl.	fili-ō	fili-īs

2. oder o-Deklination (n.)	Sg.	Pl.
Nom.	dōn-um	dōn-a
Gen.	dōn-ī	dōn-ōrum
Dat.	dōn-ō	dōn-īs
Akk.	dōn-um	dōn-a
Abl.	dōn-ō	dōn-īs

3. Deklination (m./f.)	Sg.	Pl.
Nom.	sacerdōs	sacerdōt-ēs
Gen.	sacerdōt-is	sacerdōt-um
Dat.	sacerdōt-ī	sacerdōt-ibus
Akk.	sacerdōt-em	sacerdōt-ēs
Abl.	sacerdōt-e	sacerdōt-ibus

3. Deklination (n.)	Sg.	Pl.
Nom.	carmen	carmin-a
Gen.	carmin-is	carmin-um
Dat.	carmin-ī	carmin-ibus
Akk.	carmen	carmin-a
Abl.	carmin-e	carmin-ibus

4. oder u-Deklination (m.)	Sg.	Pl.
Nom.	exercit-us	exercit-ūs
Gen.	exercit-ūs	exercit-uum
Dat.	exercit-uī	exercit-ibus
Akk.	exercit-um	exercit-ūs
Abl.	exercit-ū	exercit-ibus

5. oder e-Deklination (f.)	Sg.	Pl.
Nom.	r-ēs	r-ēs
Gen.	re-ī	r-ērum
Dat.	re-ī	r-ēbus
Akk.	r-em	r-ēs
Abl.	r-ē	r-ēbus

Adjektive

Adjektive der a- und o-Deklination

	Sg.			Pl.		
	m.	f.	n.	m.	f.	n.
Nom.	bon-us	bon-a	bon-um	bon-ī	bon-ae	bon-a
Gen.	bon-ī	bon-ae	bon-ī	bon-ōrum	bon-ārum	bon-ōrum
Dat.	bon-ō	bon-ae	bon-ō	bon-īs	bon-īs	bon-īs
Akk.	bon-um	bon-am	bon-um	bon-ōs	bon-ās	bon-a
Abl.	bon-ō	bon-ā	bon-ō	bon-īs	bon-īs	bon-īs

Adjektive der 3. Deklination

dreiendige Adjektive

	Sg.			Pl.		
	m.	f.	n.	m.	f.	n.
Nom.	ācer	ācr-is	ācr-e		ācr-ēs	ācr-ia
Gen.		ācr-is			ācr-ium	
Dat.		ācr-ī			ācr-ibus	
Akk.		ācr-em	ācr-e		ācr-ēs	ācr-ia
Abl.		ācr-ī			ācr-ibus	

zweiendige Adjektive

	Sg.			Pl.		
	m.	f.	n.	m.	f.	n.
Nom.		omn-is	omn-e		omn-ēs	omn-ia
Gen.		omn-is			omn-ium	
Dat.		omn-ī			omn-ibus	
Akk.		omn-em	omn-e		omn-ēs	omn-ia
Abl.		omn-ī			omn-ibus	

einendige Adjektive

	Sg.			Pl.		
	m.	f.	n.	m.	f.	n.
Nom.		pār			par-ēs	par-ia
Gen.		par-is			par-ium	
Dat.		par-ī			par-ibus	
Akk.		par-em	pār		par-ēs	par-ia
Abl.		par-ī			par-ibus	

Übersicht Formentabellen

Komparativ der Adjektive

	Singular		
	m.	f.	n.
Nom.	saev-**ior**		saev-**ius**
Gen.	saev-iōr-is		
Dat.	saev-iōr-ī		
Akk.	saev-iōr-em		saev-ius
Abl.	saev-iōr-e		

	Plural		
	m.	f.	n.
Nom.	saev-**iōr**-ēs		saev-**iōr**-a
Gen.	saev-iōr-um		
Dat.	saev-iōr-ibus		
Akk.	saev-iōr-ēs		saev-iōr-a
Abl.	saev-iōr-ibus		

Pronomina

Personalpronomina

	1. P. Sg.	2. P. Sg.	3. P. Sg. (refl.)
Nom.	egō	tū	–
Gen.	meī	tuī	suī
Dat.	mihī	tibī	sibī
Akk.	mē	tē	sē
Abl.	ā mē	ā tē	ā sē

	1. P. Pl.	2. P. Pl.	3. P. Pl. (refl.)
Nom.	nōs	vōs	–
Gen.	nostrī	vestrī	suī
Dat.	nōbīs	vōbīs	sibī
Akk.	nōs	vōs	sē
Abl.	ā nōbīs	ā vōbīs	ā sē

Relativpronomina

qui, quae, quod

	Sg.			Pl.		
	m.	f.	n.	m.	f.	n.
Nom.	quī	quae	quod	quī	quae	quae
Gen.	cuius	cuius	cuius	quōrum	quārum	quōrum
Dat.	cui	cui	cui	quibus	quibus	quibus
Akk.	quem	quam	quod	quōs	quās	quae
Abl.	quō	quā	quō	quibus	quibus	quibus

ebenso: *aliqui(s) – quīdam, quaedam, quoddam – quisquam – quisque*
Interrogativpronomen *quis* (wie *m.*)

Demonstrativpronomina

is, ea, id

	Sg.			Pl.		
	m.	f.	n.	m.	f.	n.
Nom.	is	ea	id	iī (eī)	eae	ea
Gen.	eius	eius	eius	eōrum	eārum	eōrum
Dat.	ei	ei	ei	iīs (eīs)	iīs (eīs)	iīs (eīs)
Akk.	eum	eam	id	eōs	eās	ea
Abl.	eō	eā	eō	iīs (eīs)	iīs (eīs)	iīs (eīs)

ebenso: *hic, haec, hoc – ille, illa, illud – iste, ista, istud – ipse, ipsa, ipsum*

hic, haec, hoc

	Sg.			Pl.		
	m.	f.	n.	m.	f.	n.
Nom.	hic	haec	hoc	hī	hae	haec
Gen.	huius	huius	huius	hōrum	hārum	hōrum
Dat.	huic	huic	huic	hīs	hīs	hīs
Akk.	hunc	hanc	hoc	hōs	hās	haec
Abl.	hōc	hāc	hōc	hīs	hīs	hīs

ille, illa, illud

	Sg.			Pl.		
	m.	f.	n.	m.	f.	n.
Nom.	ille	illa	illud	illī	illae	illa
Gen.	illīus	illīus	illīus	illōrum	illārum	illōrum
Dat.	illī	illī	illī	illīs	illīs	illīs
Akk.	illum	illam	illud	illōs	illās	illa
Abl.	illō	illā	illō	illīs	illīs	illīs

Nominalformen und Infinitive der Verben

Partizipien

Partizip Perfekt Passiv (PPP)/ Partizip Passiv d. Vorzeitigkeit	vocā-ns, vocantis (wie 3. Dekl.) accipi-ēns, accipientis
Partizip Präsens Aktiv (PPA)/ Partizip Aktiv d. Gleichzeitigkeit	vocāt-us, a, um (wie a-/o-Dekl.) accept-us, a, um
Partizip Futur Aktiv (PFA)/ Partizip Aktiv d. Nachzeitigkeit	vocāt-ūrus, a, um (wie a-/o-Dekl.) accept-ūrus, a, um

Infinitive

	Aktiv	Passiv
Infinitiv Perfekt/ Infinitiv der Vorzeitigkeit	vocav-isse accep-isse	vocāt-um esse acceptum esse
Infinitiv Präsens/ Infinitiv der Gleichzeitigkeit	vocā-re accipe-re	vocā-rī accip-ī
Infinitiv Futur/ Infinitiv der Nachzeitigkeit	vocāt-ūrum esse accept-ūrum esse	

nd-Formen

voca-ndus
accipi-endus

Übersicht Formentabellen

Verben: Präsensstamm Aktiv

	Infinitiv	vocā-re	monē-re	audī-re	relinqu-e-re	accipe-re
Präsens (Indikativ)	1. Pers. Sg.	voc-ō	mone-ō	audi-ō	relinqu-ō	accipi-ō
	2. Pers. Sg.	vocā-s	monē-s	audī-s	relinqu-i-s	accipi-s
	3. Pers. Sg.	voca-t	mone-t	audi-t	relinqu-i-t	accipi-t
	1. Pers. Pl.	vocā-mus	monē-mus	audī-mus	relinqu-i-mus	accipi-mus
	2. Pers. Pl.	vocā-tis	monē-tis	audī-tis	relinqu-i-tis	accipi-tis
	3. Pers. Pl.	voca-nt	mone-nt	audi-u-nt	relinqu-u-nt	accipi-u-nt
Präsens (Konjunktiv)	1. Pers. Sg.	voc-e-m	mone-a-m	audi-a-m	relinqu-a-m	accipi-a-m
	2. Pers. Sg.	voc-ē-s	mone-ā-s	audi-ā-s	relinqu-ā-s	accipi-ā-s
	3. Pers. Sg.	voc-e-t	mone-a-t	audi-a-t	relinqu-a-t	accipi-a-t
	1. Pers. Pl.	voc-ē-mus	mone-ā-mus	audi-ā-mus	relinqu-ā-mus	accipi-ā-mus
	2. Pers. Pl.	voc-ē-tis	mone-ā-tis	audi-ā-tis	relinqu-ā-tis	accipi-ā-tis
	3. Pers. Pl.	voc-e-nt	mone-a-nt	audi-a-nt	relinqu-a-nt	accipi-a-nt
Imperfekt (Indikativ)	1. Pers. Sg.	vocā-ba-m	monē-ba-m	audi-ēba-m	relinqu-ēba-m	accipi-ēba-m
	2. Pers. Sg.	vocā-bā-s	monē-bā-s	audi-ēbā-s	relinqu-ēbā-s	accipi-ēbā-s
	3. Pers. Sg.	vocā-ba-t	monē-ba-t	audi-ēba-t	relinqu-ēba-t	accipi-ēba-t
	1. Pers. Pl.	vocā-bā-mus	monē-bā-mus	audi-ēbā-mus	relinqu-ēbā-mus	accipi-ēbā-mus
	2. Pers. Pl.	vocā-bā-tis	monē-bā-tis	audi-ēbā-tis	relinqu-ēbā-tis	accipi-ēbā-tis
	3. Pers. Pl.	vocā-ba-nt	monē-ba-nt	audi-ēba-nt	relinqu-ēba-nt	accipi-ēba-nt
Imperfekt (Konjunktiv)	1. Pers. Sg.	vocā-re-m	monē-re-m	audī-re-m	relinqu-e-re-m	accipe-re-m
	2. Pers. Sg.	vocā-rē-s	monē-rē-s	audī-rē-s	relinqu-e-rē-s	accipe-rē-s
	3. Pers. Sg.	vocā-re-t	monē-re-t	audī-re-t	relinqu-e-re-t	accipe-re-t
	1. Pers. Pl.	vocā-rē-mus	monē-rē-mus	audī-rē-mus	relinqu-e-rē-mus	accipe-rē-mus
	2. Pers. Pl.	vocā-rē-tis	monē-rē-tis	audī-rē-tis	relinqu-e-rē-tis	accipe-rē-tis
	3. Pers. Pl.	vocā-re-nt	monē-re-nt	audī-re-nt	relinqu-e-re-nt	accipe-re-nt
Futur I	1. Pers. Sg.	vocā-b-ō	monē-b-ō	audi-a-m	relinqu-a-m	accipi-a-m
	2. Pers. Sg.	vocā-bi-s	monē-bi-s	audi-ē-s	relinqu-ē-s	accipi-ē-s
	3. Pers. Sg.	vocā-bi-t	monē-bi-t	audi-e-t	relinqu-e-t	accipi-e-t
	1. Pers. Pl.	vocā-bi-mus	monē-bi-mus	audi-ē-mus	relinqu-ē-mus	accipi-ē-mus
	2. Pers. Pl.	vocā-bi-tis	monē-bi-tis	audi-ē-tis	relinqu-ē-tis	accipi-ē-tis
	3. Pers. Pl.	vocā-bu-nt	monē-bu-nt	audi-e-nt	relinqu-e-nt	accipi-e-nt
	Imp. Sg.	vocā!	monē!	audī!	relinqu-e!	accip-e!
	Imp. Pl.	vocā-te!	monē-te!	audī-te!	relinqu-i-te!	accipi-te!

Verben: Präsensstamm Passiv

	Infinitiv	vocā-rī	monē-rī	audī-rī	relinqu-ī	accip-ī
Präsens (Indikativ)	1. Pers. Sg.	voc-or	mone-or	audi-or	relinqu-or	accipi-or
	2. Pers. Sg.	vocā-ris	monē-ris	audī-ris	relinqu-e-ris	accip-e-ris
	3. Pers. Sg.	vocā-tur	monē-tur	audī-tur	relinqu-i-tur	accipi-tur
	1. Pers. Pl.	vocā-mur	monē-mur	audī-mur	relinqu-i-mur	accipi-mur
	2. Pers. Pl.	vocā-minī	monē-minī	audī-minī	relinqu-i-minī	accipi-minī
	3. Pers. Pl.	voca-ntur	mone-ntur	audi-u-ntur	relinqu-u-ntur	accipi-u-ntur
Präsens (Konjunktiv)	1. Pers. Sg.	voc-e-r	mone-a-r	audi-a-r	relinqu-a-r	accipi-a-r
	2. Pers. Sg.	voc-ē-ris	mone-ā-ris	audi-ā-ris	relinqu-ā-ris	accipi-ā-ris
	3. Pers. Sg.	voc-ē-tur	mone-ā-tur	audi-ā-tur	relinqu-ā-tur	accipi-ā-tur
	1. Pers. Pl.	voc-ē-mur	mone-ā-mur	audi-ā-mur	relinqu-ā-mur	accipi-ā-mur
	2. Pers. Pl.	voc-ē-minī	mone-ā-minī	audi-ā-minī	relinqu-ā-minī	accipi-ā-minī
	3. Pers. Pl.	voc-e-ntur	mone-a-ntur	audi-a-ntur	relinqu-a-ntur	accipi-a-ntur
Imperfekt (Indikativ)	1. Pers. Sg.	vocā-ba-r	monē-ba-r	audi-ēba-r	relinqu-ēba-r	accipi-ēba-r
	2. Pers. Sg.	vocā-bā-ris	monē-bā-ris	audi-ēbā-ris	relinqu-ēbā-ris	accipi-ēbā-ris
	3. Pers. Sg.	vocā-bā-tur	monē-bā-tur	audi-ēbā-tur	relinqu-ēbā-tur	accipi-ēbā-tur
	1. Pers. Pl.	vocā-bā-mur	monē-bā-mur	audi-ēbā-mur	relinqu-ēbā-mur	accipi-ēbā-mur
	2. Pers. Pl.	vocā-bā-minī	monē-bā-minī	audi-ēbā-minī	relinqu-ēbā-minī	accipi-ēbā-minī
	3. Pers. Pl.	vocā-ba-ntur	monē-ba-ntur	audi-ēba-ntur	relinqu-ēba-ntur	accipi-ēba-ntur
Imperfekt (Konjunktiv)	1. Pers. Sg.	vocā-re-r	monē-re-r	audī-re-r	relinqu-e-re-r	accipe-re-r
	2. Pers. Sg.	vocā-rē-ris	monē-rē-ris	audī-rē-ris	relinqu-e-rē-ris	accipe-rē-ris
	3. Pers. Sg.	vocā-rē-tur	monē-rē-tur	audī-rē-tur	relinqu-e-rē-tur	accipe-rē-tur
	1. Pers. Pl.	vocā-rē-mur	monē-rē-mur	audī-rē-mur	relinqu-e-rē-mur	accipe-rē-mur
	2. Pers. Pl.	vocā-rē-minī	monē-rē-minī	audī-rē-minī	relinqu-e-rē-minī	accipe-rē-minī
	3. Pers. Pl.	vocā-re-ntur	monē-re-ntur	audī-re-ntur	relinqu-e-re-ntur	accipe-re-ntur
Futur I	1. Pers. Sg.	vocā-b-or	monē-b-or	audi-a-r	relinqu-a-r	accipi-a-r
	2. Pers. Sg.	vocā-be-ris	monē-be-ris	audi-ē-ris	relinqu-ē-ris	accipi-ē-ris
	3. Pers. Sg.	vocā-bi-tur	monē-bi-tur	audi-ē-tur	relinqu-ē-tur	accipi-ē-tur
	1. Pers. Pl.	vocā-bi-mur	monē-bi-mur	audi-ē-mur	relinqu-ē-mur	accipi-ē-mur
	2. Pers. Pl.	vocā-bi-minī	monē-bi-minī	audi-ē-minī	relinqu-ē-minī	accipi-ē-minī
	3. Pers. Pl.	vocā-bu-ntur	monē-bu-ntur	audi-e-ntur	relinqu-e-ntur	accipi-e-ntur

Übersicht Formentabellen

Verben: Perfektstamm Aktiv und Passiv

Aktiv

Infinitiv	vocāv-isse

Perfekt (Indikativ)

1. Pers. Sg.	vocāv-ī
2. Pers. Sg.	vocāv-istī
3. Pers. Sg.	vocāv-it
1. Pers. Pl.	vocāv-imus
2. Pers. Pl.	vocāv-istis
3. Pers. Pl.	vocāv-ērunt

Perfekt (Konjunktiv)

1. Pers. Sg.	vocāv-erim
2. Pers. Sg.	vocāv-eris
3. Pers. Sg.	vocāv-erit
1. Pers. Pl.	vocāv-erimus
2. Pers. Pl.	vocāv-eritis
3. Pers. Pl.	vocāv-erint

Plusquamperfekt (Indikativ)

1. Pers. Sg.	vocāv-eram
2. Pers. Sg.	vocāv-erās
3. Pers. Sg.	vocāv-erat
1. Pers. Pl.	vocāv-erāmus
2. Pers. Pl.	vocāv-erātis
3. Pers. Pl.	vocāv-erant

Plusquamperfekt (Konjunktiv)

1. Pers. Sg.	vocāv-isse-m
2. Pers. Sg.	vocāv-issē-s
3. Pers. Sg.	vocāv-isse-t
1. Pers. Pl.	vocāv-issē-mus
2. Pers. Pl.	vocāv-issē-tis
3. Pers. Pl.	vocāv-isse-nt

Futur II (Indikativ)

1. Pers. Sg.	vocāv-erō
2. Pers. Sg.	vocāv-eris
3. Pers. Sg.	vocāv-erit
1. Pers. Pl.	vocāv-erimus
2. Pers. Pl.	vocāv-eritis
3. Pers. Pl.	vocāv-erint

Passiv

Infinitiv	vocā-tum esse

Perfekt (Indikativ)

1. Pers. Sg.	vocā-tus (a, um) sum
2. Pers. Sg.	vocā-tus (a, um) es
3. Pers. Sg.	vocā-tus (a, um) est
1. Pers. Pl.	vocā-tī (ae, a) sumus
2. Pers. Pl.	vocā-tī (ae, a) estis
3. Pers. Pl.	vocā-tī (ae, a) sunt

Perfekt (Konjunktiv)

1. Pers. Sg.	vocā-tus (a, um) sim
2. Pers. Sg.	vocā-tus (a, um) sīs
3. Pers. Sg.	vocā-tus (a, um) sit
1. Pers. Pl.	vocā-tī (ae, a) simus
2. Pers. Pl.	vocā-tī (ae, a) sītis
3. Pers. Pl.	vocā-tī (ae, a) sint

Plusquamperfekt (Indikativ)

1. Pers. Sg.	vocā-tus (a, um) eram
2. Pers. Sg.	vocā-tus (a, um) erās
3. Pers. Sg.	vocā-tus (a, um) erat
1. Pers. Pl.	vocā-tī (ae, a) erāmus
2. Pers. Pl.	vocā-tī (ae, a) erātis
3. Pers. Pl.	vocā-tī (ae, a) erant

Plusquamperfekt (Konjunktiv)

1. Pers. Sg.	vocā-tus (a, um) essem
2. Pers. Sg.	vocā-tus (a, um) essēs
3. Pers. Sg.	vocā-tus (a, um) esset
1. Pers. Pl.	vocā-tī (ae, a) essēmus
2. Pers. Pl.	vocā-tī (ae, a) essētis
3. Pers. Pl.	vocā-tī (ae, a) essent

Futur II (Indikativ)

1. Pers. Sg.	vocā-tus (a, um) erō
2. Pers. Sg.	vocā-tus (a, um) eris
3. Pers. Sg.	vocā-tus (a, um) erit
1. Pers. Pl.	vocā-tī (ae, a) erimus
2. Pers. Pl.	vocā-tī (ae, a) eritis
3. Pers. Pl.	vocā-tī (ae, a) erunt

Übersicht Formentabellen

Unregelmäßige Verben

Infinitiv	esse	posse	īre	ferre	fierī	velle	nōlle
	sein	können	gehen	(er)tragen	werden	wollen	nicht wollen

Präsens (Indikativ)

	esse	posse	īre	ferre	fierī	velle	nōlle
1. Pers. Sg.	**sum**	**pos-sum**	**eō**	**ferō**	**fīō**	**volō**	**nōlō**
2. Pers. Sg.	es	pot-es	īs	fers	fīs	vīs	nōn vīs
3. Pers. Sg.	est	pot-est	it	fert	fit	vult	nōn vult
1. Pers. Pl.	sumus	pos-sumus	īmus	ferimus	fīmus	volumus	nōlumus
2. Pers. Pl.	estis	pot-estis	ītis	fertis	fītis	vultis	nōn vultis
3. Pers. Pl.	sunt	pos-sunt	eunt	ferunt	fīunt	volunt	nōlunt

Präsens (Konjunktiv)

1. Pers. Sg.	**sim**	**pos-sim**	**eam**	**fer-a-m**	**fīam**	**velim**	**nōlim**
2. Pers. Sg.	sīs	pos-sīs	eās	fer-ā-s	fīās	velīs	nōlīs
3. Pers. Sg.	sit	pos-sit	eat	fer-a-t	fīat	velit	nōlit
1. Pers. Pl.	sīmus	pos-sīmus	eāmus	fer-ā-mus	fīāmus	velīmus	nōlīmus
2. Pers. Pl.	sītis	pos-sītis	eātis	fer-ā-tis	fīātis	velītis	nōlītis
3. Pers. Pl.	sint	pos-sint	eant	fer-a-nt	fīant	velint	nōlint

Imperfekt (Indikativ)

1. Pers. Sg.	**eram**	**pot-eram**	**ī-ba-m**	**fer-ēba-m**	**fīēbam**	**vol-ēba-m**	**nōl-ēba-m**
2. Pers. Sg.	erās	pot-erās	ī-bā-s	fer-ēbā-s	fīēbās	vol-ēbā-s	nōl-ēbā-s
3. Pers. Sg.	erat	pot-erat	ī-ba-t	fer-ēba-t	fīēbat	vol-ēba-t	nōl-ēba-t
1. Pers. Pl.	erāmus	pot-erāmus	ī-bā-mus	fer-ēbā-mus	fīēbāmus	vol-ēbā-mus	nōl-ēbā-mus
2. Pers. Pl.	erātis	pot-erātis	ī-bā-tis	fer-ēbā-tis	fīēbātis	vol-ēbā-tis	nōl-ēbā-tis
3. Pers. Pl.	erant	pot-erant	ī-ba-nt	fer-ēba-nt	fīēbant	vol-ēba-nt	nōl-ēba-nt

Imperfekt (Konjunktiv)

1. Pers. Sg.	**esse-m**	**posse-m**	**īre-m**	**ferre-m**	**fierem**	**vellem**	**nōllem**
2. Pers. Sg.	essē-s	possē-s	īrē-s	ferrē-s	fierēs	vellēs	nōllēs
3. Pers. Sg.	esse-t	posse-t	īre-t	ferre-t	fieret	vellet	nōllet
1. Pers. Pl.	essē-mus	possē-mus	īrē-mus	ferrē-mus	fierēmus	vellēmus	nōllēmus
2. Pers. Pl.	essē-tis	possē-tis	īrē-tis	ferrē-tis	fierētis	vellētis	nōllētis
3. Pers. Pl.	esse-nt	posse-nt	īre-nt	ferre-nt	fierent	vellent	nōllent

Futur I

1. Pers. Sg.	**erō**	**pot-erō**	**ī-bō**	**fer-a-m**	**fīam**	**vol-a-m**	**nōl-am**
2. Pers. Sg.	eris	pot-eris	ī-bis	fer-ē-s	fīēs	vol-ē-s	nōl-ē-s
3. Pers. Sg.	erit	pot-erit	ī-bit	fer-e-t	fīet	vol-e-t	nōl-e-t
1. Pers. Pl.	erimus	pot-erimus	ī-bimus	fer-ē-mus	fīēmus	vol-ē-mus	nōl-ē-mus
2. Pers. Pl.	eritis	pot-eritis	ī-bitis	fer-ē-tis	fīētis	vol-ē-tis	nōl-ē-tis
3. Pers. Pl.	erunt	pot-erunt	ī-bunt	fer-e-nt	fīent	vol-e-nt	nōl-e-nt

Perfektstamm

Infinitiv	fu-isse	potu-isse	īsse	tul-isse	factum esse	volu-isse	nōlu-isse

Grammatikregister

Adverb	32
Ablativ	
Grundfunktionen des Ablativs	5
ablativus qualitatis	32
ablativus comparationis	36
Ablativus absolutus	30, 31
AcI	9
Zeitverhältnis (Gleichzeitigkeit/Vorzeitigkeit)	14
Zeitverhältnis (Nachzeitigkeit)	43
Adjektiv	3, 18
als Attribut und als Prädikatsnomen	3
als prädikatives Attribut	4
Steigerung	36
adverbiale Bestimmung	4, 5
Adverbialsatz	15, 22, 27, 28, 30
Akkusativ	
als direktes Objekt	2
der Ausdehnung	12
mit Präposition	4, 5
Artikel	1
Aspekt	15
Attribut	
Adjektiv als Attribut	3
Genitiv als Attribut	7
Partizip als Attribut	13, 27, 28
Adjektiv als prädikatives Attribut	4
Substantiv als prädikatives Attribut	16
Begehrsätze	23
Dativ	8
dativus possessivus	10
dativus auctoris	37
Deklination	
a-/o-Deklination	1, 2, 3, 5, 7, 8
3. Deklination	4, 5, 7, 8, 18
u-Deklination	24
e-Deklination	24
Deliberativ	33
Demonstrativpronomina	10, 29
Deponentien	38
dum	18
esse	6
esse mit Dativ	10
ferre	29
fieri	38
Finalsätze	22
Futur I	16, 17
Futur II	39
Fragesätze	
– direkte Fragesätze	6
– indirekte Fragesätze	22
Genitiv	
– Formen und Grundfunktion	7
– genitivus subiectivus und obiectivus	24
– genitivus qualitatis	32
Genus verbi	25
Gerundium	35
Gerundivum	35, 37
hic, haec, hoc	29
Hortativ	33
ille, illa, illud	29
Imperativ	3
Imperfekt	15
Indikativ	3, 21, 33
indirekte Rede	45
Infinitiv	
Infinitiv Präsens Aktiv	1
Infinitiv Perfekt Aktiv	14
Infinitiv Präsens Passiv	26
Infinitiv Perfekt Passiv	25
Infinitiv Futur Aktiv	43
AcI	9
Zeitverhältnis im AcI	14, 43
Interrogativpronomen	22
ipse, ipsa, ipsum	31
Irrealis	21, 33, 34
is, ea, id	10
Iussiv	34
Kausalsätze	15, 22, 27, 28, 30
Komparativ	36
Konditionalsätze	15, 21, 22
Konjugation	1, 2
Konjunktiv	
Konjunktiv Präsens	23
Konjunktiv Imperfekt	21

Konjunktiv Perfekt	23
Konjunktiv Plusquamperfekt	21
im Hauptsatz	33, 34
im Nebensatz *(ut, cum, indirekte Fragesätze)*	22, 23
Zeitverhältnis	22, 23
Irrealis	21
im Deutschen (indirekte Rede)	45
Konsekutivsätze	**22**
Konzessivsätze	**15, 22, 27, 28, 30**
Lokativ	**18**
malle	**40**
Modus	**3, 21, 25, 33**
NcI	**44**
Nebensatz	**15, 18, 22, 23, 27, 28, 30**
nolle	**40**
nd-Formen	
Gerundium, Gerundivum	35
Gerundivum mit *esse*	37
Optativ	**34**
Partizip	**13, 25, 27, 28, 30**
Partizip Präsens Aktiv (PPA)	27, 30
Partizip Perfekt Passiv (PPP)	13, 25, 28
Partizip Futur Aktiv (PFA)	42
Participium coniunctum (PC)	27, 28, 42
Ablativus absolutus	30
Sinnrichtung	27, 28, 30
Zeitverhältnis	27, 28, 30, 42
Passiv	**25, 26**
Formen des Präsensstamms	26
Formen des Perfektstamms	25
passive Bedeutung des Partizips	28, 30
Deponentien	38
Perfekt	**12, 13**
Personalendung	**6, 26**
Personalpronomina	**6, 8**
id, ea, id als Personalpronomen der 3. Person	10
reflexives Personalpronomen	11
Plusquamperfekt	**20**
Potentialis	**33**
Präsens	**1, 6**
Prohibitiv	**34**
Pronomina	
Demonstrativpronomen	10, 29
Personalpronomen	6, 8, 10, 11
Possessivpronomen	7, 10, 11
Relativpronomina	19
reflexives Personalpronomen	11
reflexives Possessivpronomen	7, 10
Interrogativpronomen	22
qui, quae, quod	**19**
Relativpronomina	**19**
Relativsatz	**19**
relativischer Satzanschluss	**20**
Satzglieder	
Subjekt	1
Prädikat	1
Objekt	2
Attribut	3, 7
adverbiale Bestimmung	4, 5
Sinnrichtung	
von Nebensätzen	15, 22
von Partizipialkonstruktionen (PC und Abl. abs.)	27, 28, 30
Stammformen	**13, 25**
Steigerung	**36**
Subjekt	**1**
Superlativ	**36**
suus	**7**
reflexiver Gebrauch	7, 10
im AcI	11
Tempus	
Präsens	1, 2, 6
Perfekt	12, 13
Imperfekt	15
Plusquamperfekt	20
Futur I	16, 17
Futur II	39
Temporalsätze	**15, 22, 27, 39**
velle	**40**
Vokativ	**3**
Zahlen	**41**
Zeitverhältnis	
– AcI	14
– Partizipialkonstruktionen (PC und Abl. abs.)	27, 28, 30, 31, 42
– Nebensätze im Konjunktiv	22, 23
– Nachzeitigkeit	42, 43